Jesús dijo:

«Dejen que los niños vengan a mí. ¡No los detengan!

Pues el reino de Dios pertenece a los que son como estos niños.

Les digo la verdad, el que no reciba el reino de Dios

como un niño nunca entrará en él».

Entonces tomó a los niños en sus brazos

y después de poner sus manos sobre la cabeza de ellos, los bendijo.

Marcos 10:14-16

E STE LIBRO PERTENECE A

U N REGALO EN ESTE DÍA

D E

Rhona Davies * Ilustrado por Maria Cristina Lo Cascio

BIBLIA
PORTAVOZ

PARA NIÑOS

CONTENIDO

LA HISTORIA DE LA CREACIÓN

Entonces Dios miró todo lo que había hecho, ¡y vio que era muy bueno!

GÉNESIS 1:31

En el principio, mucho antes de la creación del mundo, Dios estaba ahí.

«¡Sea la luz!» —dijo Dios. La luz surgió y Dios vio que la luz era buena. Dios separó la luz de la oscuridad, para que hubiera día y hubiera noche.

Después Dios hizo el cielo y lo separó de las aguas que había debajo. Dios juntó las aguas en los mares y creó la tierra seca.

«Que la tierra produzca plantas y árboles con frutos y semillas» —dijo Dios. Entonces la tierra se llenó de toda planta verde y de hojas, desde secuoyas y castaños hasta cerezos y matas de fresas. Dios vio que todo lo que había hecho era bueno.

«Que haya lumbreras en el cielo durante la noche y el día» —dijo Dios. Así, el sol dorado se convirtió en la luz brillante que resplandecía durante el día, y la luna plateada en la tenue luz que brillaba durante la noche. Dios repartió estrellas por toda la oscuridad del espacio, y vio que todo lo que había hecho era bueno.

«Que las aguas y los cielos se llenen de toda clase de criaturas que naden y vuelen. Que se multipliquen y aumenten en número». Entonces hubo delfines y peces arco iris, martines pescadores y pavos reales, abejas y hermosas mariposas. Dios vio que todo lo que había hecho era bueno.

«Que haya todo tipo de criaturas que vivan en la tierra» —dijo Dios. Así que hubo criaturas que reptaban y criaturas que galopaban. Hubo torpes elefantes y amables jirafas, tigres rayados y monos ruidosos. Dios miró todo lo que había hecho, y vio que era bueno.

Entonces Dios hizo al hombre y a la mujer y los puso a cargo de su creación. Dios miró el hermoso mundo que había creado y vio que era muy bueno, y después descansó.

EL BIEN Y EL MAL

Pues fuiste hecho del polvo, y al polvo volverás.

GÉNESIS 3:19

Dios amaba a las personas que había creado. Él dio a Adán y Eva un hermoso huerto donde vivir, y Él caminaba y hablaba con ellos cada día. Adán y Eva eran felices.

Dios les dijo que podían comer de todo lo que había en el huerto, salvo el fruto de un árbol: el árbol del conocimiento del bien y del mal. Así que cuando un día se acercó a Eva una serpiente y le animó a probar del fruto de ese árbol, Eva sabía que estaba haciendo lo único que Dios les había prohibido hacer. Eva probó del fruto y lo compartió con Adán.

Inmediatamente, Adán y Eva supieron que lo que habían hecho estaba mal. Cuando Dios se acercó para hablar con ellos en el huerto, se avergonzaron y se escondieron detrás de los árboles.

—¿Dónde estás? —le preguntó Dios a Adán.

—Me sentí culpable y tuve miedo —respondió Adán—, así que me escondí.

—¿Acaso has comido del árbol del conocimiento del bien y del mal? —le preguntó Dios.

—Solo comí de su fruto —dijo

Adán—. Eva me lo dio. No fue culpa mía.

—¿Qué has hecho? —le preguntó Dios a Eva.

—Fue culpa de la serpiente —dijo Eva—. Me engañó para que comiera del fruto.

El mundo perfecto de Dios dejó de ser perfecto. Dios le había dado al ser humano la capacidad de poder decidir, y ellos decidieron hacer lo malo. Dios castigó a la serpiente: ahora tendría que arrastrarse sobre su vientre. Castigó a Eva: desearía hijos pero los daría a luz con mucho dolor. Castigó a Adán: espinos y cardos ahogarían las plantas que cultivaba y su trabajo sería más duro.

Luego Dios expulsó a Adán y Eva del hermoso huerto. Ahora ellos conocían la diferencia entre el bien y el mal. Conocerían el sufrimiento y la muerte; habían dejado de ser amigos de Dios.

CAÍN Y ABEL

¿Acaso soy yo el guardián de mi hermano?

GÉNESIS 4:9

Adán y Eva tuvieron hijos, dos hijos llamados Caín y Abel.

Los niños crecieron y trabajaban la tierra. Caín plantaba semillas de plantas comestibles, y Abel criaba ovejas y cabras para obtener leche y carne.

Un día, Caín presentó a Dios algunos de sus cultivos como ofrenda, para darle gracias por el sol y la lluvia, y la buena cosecha. Abel también le llevó una ofrenda con las primicias de los corderitos recién nacidos, para darle gracias a Dios porque sus animales habían nacido sanos. Dios vio las ofrendas que Caín y Abel le habían ofrecido pero también vio sus motivos o intenciones. Dios aceptó la ofrenda de Abel porque sabía que Abel le amaba y sabía que todo lo bueno venía de Él. A Dios no le agradó la ofrenda de Caín, porque se la había dado por obligación.

Caín estaba enojado.

«¿Qué ocurre, Caín? —le preguntó Dios—. Si tienes un buen corazón y haces lo correcto y lo bueno, serás aceptado. Pero tienes muy mal genio. Ten cuidado, Caín».

Caín sabía que todo lo que Dios le había dicho era cierto, pero ya estaba enojado. No podía pensar en otra cosa que en vengarse de su hermano, y comenzó a tramar un plan…

Caín esperó hasta encontrarse en los campos con Abel, y luego… mató a su hermano.

Cuando Dios le preguntó a Caín dónde estaba Abel, Caín mintió.

«¿Cómo voy a saberlo? —dijo Caín—. ¿Es que no sabe cuidar de sí mismo?».

Pero Dios sabía lo que había ocurrido. Caín no sintió remordimiento por lo que había hecho. Ahora estaba mintiendo al respecto.

«Arrastrarás contigo la muerte de tu hermano para siempre —dijo Dios—. Siempre sabrás lo que es sentirse culpable por haber hecho algo tan terrible».

Dios fue bueno con Adán y Eva. Ellos tuvieron otro hijo al que llamaron Set, y después más hijos e hijas.

EL ARCA DE NOÉ

*Subió a bordo de la barca para escapar del diluvio junto
con su esposa, sus hijos y las esposas de ellos.*

GÉNESIS 7:7

Pasó el tiempo, y había muchas personas viviendo en el mundo que Dios había creado; pero cada vez menos personas se acordaban de Él. Algunos no sabían quién era Dios. Muchos de ellos robaban de la gente

lo que querían. Se comportaban cruelmente unos con otros, pensando solamente en sí mismos y estropeando el hermoso mundo de Dios.

Dios vio que el mundo se había convertido en un lugar lleno de maldad, egoísmo y violencia, y decidió comenzar de nuevo.

Había un hombre que se acordaba de dar gracias a Dios por todo lo bueno que Él le daba. Noé trataba bien a su familia y a quienes le rodeaban. Noé escuchó cuando Dios le habló.

«¡Noé! —le dijo Dios un día—. Voy a enviar un diluvio para limpiar la tierra. Debes construir un arca, un barco enorme que flotará sobre las aguas. Debes tomar contigo a tu esposa y a tus tres hijos, Sem, Cam y Jafet, y dos animales de cada especie. Yo les mantendré a salvo dentro del arca».

Noé comenzó a construir el arca. Empleó muchos años de su vida. Dios le dijo cuánto debía medir de longitud, cuántos pisos debía tener y dónde poner la puerta. Dios le dijo a Noé que cubriera el exterior con brea para que no entrara el agua, y que llevara consigo comida para él y toda su familia y para los animales. Noé no vivía cerca del mar; las personas que le rodeaban le veían trabajar y se reían. ¡Pensaban que estaba loco!

Finalmente Noé terminó el arca. Dios le dijo a Noé que metiera en el arca dos animales de cada especie, siete parejas de aves de cada especie y siete parejas de los animales que se usarían para el sacrificio.

17

EL GRAN DILUVIO

La lluvia continuó cayendo durante cuarenta días y cuarenta noches.

GÉNESIS 7:12

Noé comenzó a pensar en cómo atraería a los animales. Entonces los animales comenzaron a llegar hasta Noé de dos en dos, como si Dios también les hubiera contado su plan. Los elefantes entraron torpemente; las serpientes se deslizaron hacia el interior; las aves, los murciélagos y las mariposas entraron volando por la puerta. Los grandes felinos entraron a su paso y los ciervos y antílopes dando saltos. Noé observaba mientras todas las criaturas llenaban su arca, y después entró él con su familia. Y Dios cerró la puerta.

Lenta, firme y persistentemente, la lluvia comenzó a caer. Golpeaba los laterales del arca y martilleaba el tejado. El arca comenzó a moverse conforme la lluvia se convertía en un diluvio que la elevó muy por encima de la tierra, y a medida que los arroyos y los ríos se unían formando una gran masa de agua de tal forma que dejó de haber tierra seca.

Después, un día, dejó de llover. Los únicos sonidos se producían dentro del arca, donde Dios mantuvo a salvo a Noé, a su familia y a todos los animales. Fuera, todo lo que antes

había tenido vida en la tierra quedó destruido por el diluvio.

Pasaron los días, las semanas, los meses. Entonces lentamente, muy lentamente, las aguas comenzaron a descender. El arca descansó sobre las montañas de Ararat. Noé soltó un cuervo, pero estuvo yendo y viniendo hasta que pudo encontrar alimento que comer. Noé soltó primero una paloma y luego otra, hasta que la segunda paloma regresó llevando en el pico una rama de olivo.

Entonces Dios le dijo a Noé que era seguro vivir de nuevo en la tierra. Los animales salieron para encontrar sus nuevos hogares mientras que Noé construyó un altar y sacrificó algunas de las aves que había llevado consigo para darle gracias a Dios por guardarles sanos y salvos.

«Nunca volveré a enviar un diluvio para destruir la tierra —prometió Dios—. El arco iris les servirá como señal de mi promesa».

LA TIERRA PROMETIDA

Haré de ti una gran nación; te bendeciré y te haré famoso.

GÉNESIS 12:2

Uno de los descendientes de Noé, Taré, vivía en la próspera ciudad de Ur de los caldeos. No adoraba a Dios, sino que al igual que las personas que le rodeaban, adoraba a un dios lunar. Un día, Taré se mudó a Harán, con Abram y la esposa de Abram, Sarai, y su nieto Lot.

Dios le habló a Abram como le habló a Noé, y Abram también escuchó.

«Te mostraré una tierra nueva donde tú y tu familia pueden llegar a ser una gran nación —le dijo Dios a Abram—. Te apartaré de las demás naciones y haré de ti una gran nación

nuevos pastos donde alimentar a sus animales.

Finalmente llegaron a Canaán, la tierra que Dios prometió que sería su hogar. Lot escogió vivir en el valle del Jordán, lejos de Abram, para que todas sus ovejas y cabras, bueyes y camellos tuvieran espacio suficiente para crecer y alimentarse.

Entonces Dios renovó su promesa con Abram.

«Esta es tu tierra. Tendrás tantos descendientes que nadie podrá contarlos. Serán tantos como el polvo de la tierra o las estrellas del cielo, y tú y tu esposa tendrán nombres nuevos: Abraham y Sara».

Abram confió en Dios y fue feliz. Trasladó sus tiendas junto al encinar de Mamre en Hebrón. Edificó allí un altar y le dio gracias a Dios por su nuevo hogar y todo lo que Él le había dado.

que vivirá como deberían vivir todas las personas».

Así que cuando Taré murió, Abram recogió sus pertenencias y se llevó a su esposa Sarai, a su sobrino Lot y a todos sus siervos. Viajaron hacia la tierra de Canaán, asentando sus tiendas y encontrando

LOS TRES FORASTEROS

¿Existe algo demasiado difícil para el SEÑOR?

GÉNESIS 18:14

Un caluroso día, algún tiempo después, Abraham descansaba fuera de su tienda, cuando vio en la distancia tres figuras que se acercaban hacia él. Abraham fue a recibir a los forasteros. Les llevó agua para lavar sus pies polvorientos, y les ofreció prepararles algo de comer.

Los tres hombres accedieron a descansar allí. Abraham se aseguró de preparar y cocinar el mejor becerro para sus visitantes. Luego se quedó de pie bajo los árboles observando mientras ellos comían.

—Abraham —llamaron los forasteros a su anfitrión—. Abraham, ¿dónde está tu esposa, Sara?

Abraham se quedó perplejo y sorprendido con lo que había ocurrido. Esos hombres no eran extranjeros comunes que pasaban por allí. Abraham sabía que estaba en la presencia de Dios mismo.

—Sara está dentro de la tienda —le respondió Abraham a Dios.

—Abraham —volvió a decir Dios—. Sara ha estado esperando mucho tiempo a tener un niño. Por este tiempo el año que viene, Sara tendrá un hijo y le sostendrá en sus brazos.

Sara no había salido durante todo ese tiempo, pero escuchaba desde la entrada de su tienda. Tocó su cara arrugada y se acomodó su canoso cabello. Después se rió para sí.

¡Un bebé! —pensó ella—. *¡A mi edad es demasiado tarde para tener un bebé!*

Dios sabía lo que Sara estaba pensando.

—Nada es demasiado difícil para Dios —dijo Él—. Tendrás un hijo cuando yo regrese.

UN BUEN HOMBRE

Abraham se le acercó y dijo: —¿Destruirás tanto al justo como al malvado?

GÉNESIS 18:23

«Se dice que ocurren cosas terribles en Sodoma y Gomorra —le dijo Dios a Abraham—. Debo ir allí y verlo por mí mismo. Si es cierto, entonces la maldad allí debe ser destruida».

Abraham pensó en la gente que vivía en esas ciudades.

—¿Qué ocurriría si encontraras cincuenta hombres buenos? —le preguntó Abraham a Dios—. Seguro que entonces no destruirías la ciudad.

—No —respondió Dios—. Si encontrara cincuenta hombres buenos la salvaría.

—No te enojes conmigo —dijo Abraham—. Pero ¿y si encontraras solo treinta hombres?

—Perdonaré la ciudad —le prometió Dios.

—¿Y veinte? —preguntó Abraham.

Dios prometió perdonar a la gente de Sodoma.

—¿Qué ocurrirá si encontraras solo diez hombres en toda la ciudad? —preguntó Abraham.

—Por diez hombres buenos, no la destruiré —dijo finalmente Dios.

Cuando los forasteros llegaron a la ciudad, Lot les ofreció hospedaje, pero ellos dijeron que se quedarían en la plaza de la ciudad esa noche.

—¡Por favor! Quédense con mi familia —insistió. Cuando

ellos finalmente accedieron, Lot les preparó una comida. Pero en seguida, un grupo de hombres enojados se reunieron fuera de su casa.

—Sabemos que tienes a unos forasteros contigo —gritaron—. ¡Deja que salgan!

Lot salió para calmar a la multitud.

—Esos hombres están bajo mi cuidado —dijo él—. ¡No puedo permitir que les hagan daño!

—Tú también eres un extranjero —le gritaron a Lot—. ¡Puedes morir junto a tus visitantes!

Los forasteros metieron a Lot en la casa.

—Tienes que irte de aquí, pronto —dijeron—. Por la mañana esta ciudad será destruida. ¡Corre! Y no mires atrás.

Lot escapó con su esposa y sus hijas. Dios envió una lluvia de fuego que destruyó a la gente mala de Sodoma y Gomorra. Pero la esposa de Lot miró atrás para ver lo que ocurría, y se convirtió en una estatua de sal.

LA FE DE ABRAHAM

—Dios proveerá un cordero para la ofrenda quemada, hijo mío —contestó Abraham.

GÉNESIS 22:8

Dios cumplió su promesa a Abraham, y las palabras de Dios para Sara se hicieron realidad. Sara dio a luz a un niño. Le llamaron Isaac, que significa «risa». Isaac creció sano y fuerte, e hizo muy feliz a sus padres.

«¡Abraham! —dijo Dios un día—. Quiero que te lleves a Isaac a un monte en Moriah. Sé lo mucho que amas a tu hijo, pero quiero que me lo ofrezcas como un sacrificio».

Abraham apenas podía creer lo que oía. Amaba a Dios con todo su corazón, pero también amaba a su hijo. Entonces Abraham pensó en cómo Dios había cumplido sus promesas en el pasado. Sabía que podía confiar en Dios.

Abraham cortó madera para el fuego y tomó a Isaac con él rumbo a las montañas.

—Padre —preguntó Isaac, después de haber caminado durante un tiempo en silencio—. Hemos traído la leña para el sacrificio, ¿pero dónde está el cordero?

—Dios proveerá el cordero —dijo Abraham.

Abraham colocó la leña sobre las piedras para el altar. Después ató las manos de su hijo y le colocó sobre la leña. No pudo mirar a Isaac a la cara cuando levantó el cuchillo. «¡Alto! —dijo Dios—. Abraham, me has demostrado lo mucho que me amas. Has confiado en mí con tu hijo, el regalo más precioso que me podías ofrecer. Ahora te bendeciré,

¡y tendrás tantos descendientes como las estrellas del cielo!».

Entonces Abraham vio un carnero enredado en un matorral. Dios había provisto el sacrificio. Su hijo, Isaac, estaba a salvo.

DIEZ CAMELLOS SEDIENTOS

Y Rebeca fue su esposa. Él la amó profundamente.

GÉNESIS 24:67

Cuando Sara murió, Abraham supo que debía encontrar una buena esposa para su hijo, no de entre los cananeos que vivían en los alrededores, sino una esposa que amara a Dios. Así que envió a su siervo a cruzar el desierto hasta la ciudad donde vivía su propio hermano.

El sol se estaba ocultando cuando el siervo llegó allí. Hizo que sus diez camellos se arrodillaran cuando las mujeres salían de sus casas para sacar agua.

Luego el siervo oró: «Señor, Dios

28

de Abraham, ayúdame a encontrar la esposa que tú has elegido para Isaac. Que sea la primera mujer que se ofrezca para sacar agua para mí y para todos estos camellos sedientos».

El siervo entonces observó a una hermosa joven que se acercó al pozo. Le pidió de beber, y ella le dio agua y luego se ofreció a quedarse para sacar agua para sus diez camellos. Ella regresó al pozo para llenar su cántaro de agua una y otra vez.

El siervo de Abraham le preguntó a la joven quién era, y descubrió que era la hija del hermano de Abraham. Su nombre era Rebeca.

El siervo estaba seguro de que Dios le había guiado a ese lugar y que Rebeca era la esposa perfecta para Isaac. Le dio los regalos que había llevado con él, un anillo dorado para su nariz y dos brazaletes. Rebeca regresó a casa para contarle a su familia lo ocurrido con ese hombre junto al pozo, y su hermano Labán acudió a invitarle a su hogar.

El siervo fue con él y le explicó que Abraham le había enviado para encontrar una esposa para Isaac de entre su propia parentela. Dios había respondido sus oraciones al enviar a Rebeca para dar de beber a sus camellos. La familia de Rebeca estaba feliz cuando Rebeca accedió a viajar con él de regreso a Canaán.

Isaac había estado observando los camellos cuando llegaron al lugar donde Abraham tenía sus tiendas. Salió para recibirles. Rebeca se convirtió en su esposa e Isaac la amó profundamente.

HERMANOS MELLIZOS

Mi hermano Esaú es muy velludo; en cambio mi piel es suave.

GÉNESIS 27:11

Muchos años después, Dios bendijo a Abraham con nietos: niños mellizos. Esaú nació primero, cubierto de vello rojizo. Jacob nació sujetando el talón de su hermano. Esaú creció y se convirtió en un habilidoso cazador y era el hijo favorito de su padre. Rebeca prefería al tranquilo Jacob.

Un día, Esaú regresó a casa cansado de cazar, y olió el suculento guiso de lentejas que Jacob estaba cocinando.

—Dame un poco de ese guiso; ¡huele delicioso! —dijo Esaú.

—Dame tu herencia, y te lo daré —dijo Jacob. Esaú accedió gustoso. La comida era buena, y su primogenitura como hermano mayor no significaba nada para él.

Isaac era de edad muy avanzada y estaba casi ciego, cuando llamó a su hijo mayor, Esaú, para bendecirle antes de morir. Esaú había salido a cazar para llevarle a su padre

su comida favorita. Pero Rebeca quería que Jacob recibiera la bendición especial de Isaac. Ella preparó comida para Isaac, e hizo que Jacob se vistiera con la ropa de Esaú. Ató pieles de cabritos en sus brazos y en su cuello ¡para que oliera y se pareciera a su velludo hermano mayor!

Cuando Jacob entró en la tienda de Isaac, su padre tocó a su hijo y olió su ropa. Después le dio su bendición.

Cuando Esaú se dio cuenta de que le habían engañado, ¡tanto él como Isaac se enojaron mucho! Pero era demasiado tarde. Ya se había pronunciado la bendición.

Esaú empezó a tramar, decidido a matar a su hermano, esperando tan solo la muerte de su padre. Así que Rebeca le pidió a Isaac que enviara a Jacob con su hermano Labán, para encontrar una esposa de entre su propio pueblo, como Isaac había hecho cuando se casó con ella.

LA ESCALERA DE JACOB

Además, yo estoy contigo y te protegeré dondequiera que vayas.

GÉNESIS 28:15

Jacob dejó a su familia y comenzó su viaje hacia Harán, donde vivía su tío Labán.

Al llegar la noche, Jacob se tumbó para dormir, con una piedra como almohada. Entonces Jacob tuvo un sueño. En él veía una larga fila de escalones como una escalera, que iban desde la tierra donde él dormía hasta el cielo. Subiendo y bajando por la escalera, Jacob vio unos hermosos ángeles, y en la cima, a Dios mismo.

Entonces Jacob oyó la voz de Dios que le hablaba.

«Yo soy el Dios de tu padre, Isaac, y de tu abuelo, Abraham. Prometo que te daré a ti y a tu descendencia la tierra en la que ahora estás. Cuidaré de ti, Jacob, y nunca te dejaré».

Cuando Jacob se despertó, tuvo miedo. Sabía que había visto a Dios, y había vivido. Tomó la piedra que había usado como almohada y la

erigió como un altar para marcar
ese lugar tan especial. Después Jacob
también le hizo una promesa a Dios.

«Oh Dios, si cuidas de mí como
has prometido, te obedeceré y te
seguiré siempre» —dijo Jacob.

A medida que Jacob caminaba
rumbo a Harán, vio en la distancia
algunos pastores con sus rebaños
esperando junto a un gran pozo.
Cuando llegó hasta ellos, le agradó
saber que venían de Harán, y les dijo
que su tío Labán también vivía allí.

—¿Labán? —le preguntó uno de
los pastores—. Allí está Raquel, la
hija de Labán.

Cuando Jacob miró a la mujer
que le indicaban, vio a una hermosa
pastora llevando su rebaño hacia el
pozo. Jacob fue a conocer a Raquel y
sacó agua para su rebaño. Cuando le
dijo que era su primo, ella se alegró, y
fue corriendo a decírselo a su padre, y
Labán le dio la bienvenida a Jacob en
su familia.

LOS DESCENDIENTES DE ABRAHAM

Y te entregaré la tierra que les di a Abraham y a Isaac. Así es,
te la daré a ti y a tus descendientes.

GÉNESIS 35:12

Jacob se quedó con su tío. Comía con la familia y trabajaba con la familia. Tras un mes, Labán le preguntó a Jacob cuál era el pago que requería. Jacob no llevaba mucho tiempo con Labán, pero sabía que se había enamorado de la hermosa pastora que había visto el primer día. Jacob le preguntó si podía casarse con Raquel.

—Si nos permites casarnos, trabajaré para ti durante siete años —dijo Jacob.

Labán accedió, y Jacob crió y cuidó de sus rebaños de ovejas y cabras, sabiendo que Raquel sería un día su esposa.

Cuando se cumplió el tiempo, Labán preparó una fiesta para celebrar el matrimonio de su hija con Jacob; pero cuando se realizó la boda, Labán hizo que la hermana mayor de Raquel, Lea, se vistiera de novia con su rostro cubierto por un velo. Jacob se casó no con Raquel, sino con Lea, la hija mayor de Labán. Jacob, que tiempo atrás había engañado a su hermano, ¡ahora él mismo había sido objeto de engaño!

—Habíamos acordado que trabajaría por Raquel, ¡no por Lea! —dijo él cuando descubrió el engaño.

—Aquí tenemos por costumbre

que la hija mayor se case primero —respondió Labán—. Pero dejaré que te cases con Raquel ahora y que ambas sean tus mujeres si trabajas para mí otros siete años.

Jacob amaba mucho a Raquel, así que accedió a cuidar de ambas mujeres.

Con el paso del tiempo, Jacob tuvo muchos hijos: Rubén, Simeón, Leví, Judá, Isacar, Zabulón, Dina, Dan, Neftalí, Gad, Aser y José. José era el único hijo de Raquel. Jacob amaba a José más que al resto.

Habían pasado veinte años mientras Jacob estuvo trabajando para su tío Labán. Era el momento de regresar a Canaán. Llevó consigo a sus esposas e hijos y todos los animales con manchas de los rebaños de Labán. Raquel le dio su último hijo, Benjamín, antes de morir.

Dios le había bendecido. Ahora le cambió el nombre, de Jacob a Israel.

EL HIJO FAVORITO DE JACOB

Jacob amaba a José más que a sus otros hijos porque le había nacido en su vejez.

GÉNESIS 37:3

Cuando llegó a los diecisiete años, José sabía que era el hijo favorito de Jacob. José ayudaba a sus hermanos a cuidar de los rebaños de su padre. Pero José los miraba y escuchaba, y después le decía a su padre las cosas malas que ellos decían y hacían.

Jacob le regaló a José una hermosa túnica de manga larga de muchos colores. Cuando los hermanos de José la vieron, supieron que su padre amaba a José más que a ellos, y comenzaron a odiarle.

Una noche, José tuvo un sueño extraño.

«Soñé que estábamos en el campo atando gavillas de grano. Mi gavilla se levantó, y las suyas se inclinaron ante la mía». ¡Los hermanos se enfurecieron a espaldas de José!

Después José tuvo otro sueño extraño.

«Soñé que el sol, la luna y once estrellas se postraban ante mí».

Jacob no estaba feliz,

pero se preguntaba si los sueños procederían de Dios.

Algún tiempo después, Jacob envió a José a ver cómo estaban sus hermanos. Estaban cuidando a las ovejas y las cabras a unos kilómetros de su casa. Sus hermanos le vieron llegar, vestido con su hermosa túnica, ¡y tramaron un plan para matarle!

En cuanto José llegó hasta ellos, los hermanos le quitaron su túnica y le obligaron a entrar a un pozo vacío. Pero después vieron una manera de hacer dinero con su hermano. Unos madianitas pasaban por sus tierras de camino a Egipto para intercambiar especias, así que sacaron a José del pozo y le vendieron por veinte monedas de plata.

Lo último que vieron de su hermano fue cómo se lo llevaban a Egipto para venderle como esclavo. Los hombres después mataron a una de sus cabras y mancharon la túnica de José con sangre. Necesitaban una historia para contarle a su padre.

«¡Mira lo que hemos encontrado!» —le dijeron a Jacob.

Jacob supuso que un animal salvaje había atacado a José. Estaba abrumado de dolor. Su hijo favorito seguramente estaría muerto.

SUEÑOS EN EGIPTO

El SEÑOR estaba con José, por eso tenía éxito en todo.

GÉNESIS 39:2

Los hermanos de José le habían abandonado, pero Dios no.

Los madianitas vendieron a José a Potifar, el capitán de la guardia. Dios bendijo a José y poco después Potifar le confió todo lo que poseía. Se convirtió en su principal sirviente. Pero él era un joven fuerte y de buen parecer, así que la esposa de Potifar lo quería para ella. Cuando José comenzó a evitarla, ella se enojó tanto que mintió acerca de José y le enviaron a la cárcel.

Ahora Potifar había abandonado a José, pero aun así Dios no le abandonó. Dios volvió a bendecirle, y pronto le pusieron a cargo de los demás prisioneros. Sucedió que estaba en el lugar correcto en el momento oportuno cuando el

copero del faraón y su panadero también fueron a parar a la cárcel, y tuvieron sueños extraños. José le dijo al panadero que sería ejecutado, pero que al copero le perdonarían y le devolverían su trabajo.

Pero después el copero abandonó a José. Pasaron dos años más, hasta que el faraón comenzó a tener también sueños extraños.

«Hay un hombre en la cárcel que le puede ayudar» —recordó el copero.

Entonces sacaron a José de la cárcel, le lavaron y le contaron los sueños. José le pidió a Dios que le ayudara a entenderlos. Después le contó al faraón lo que ocurriría.

«En el primer sueño, siete vacas flacas se comieron a siete vacas gordas —dijo José—. En el segundo sueño, siete espigas de grano resecas y marchitadas se tragaron a siete

espigas de grano robustas y hermosas. Dios le está advirtiendo que habrá siete años de buena cosecha seguidos de siete años de hambruna. Si almacena sabiamente el grano, usted y su pueblo sobrevivirán».

El faraón le dio inmediatamente a José el cargo de almacenar bien el grano. Puso un anillo en el dedo de José, un collar de oro en su cuello y le vistió con ropas finas. Dondequiera que José iba en la tierra de Egipto, la gente se postraba ante él.

Dios no había abandonado a José. Sus sueños comenzaron a ser realidad.

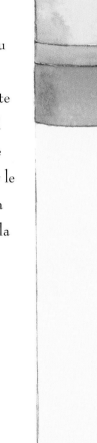

El plan de Dios para la familia de Jacob

Por lo tanto, fue Dios quien me envió a este lugar, ¡y no ustedes!

GÉNESIS 45:8

José se aseguró de que todo el grano de las abundantes cosechas se almacenara cuidadosamente. Después, cuando las cosechas fallaron en Egipto y en todas las tierras de los alrededores, José abrió los graneros y vendió el grano a los egipcios. Cada uno tuvo lo que necesitó para sobrevivir a la hambruna.

En Canaán, Jacob escuchó que la gente viajaba a Egipto para comprar grano, y envió a diez de sus hijos para comprar un poco de grano, quedándose solamente con Benjamín en casa.

Los hijos de Jacob fueron al gobernador de Egipto y se postraron ante él. Ninguno de los hermanos se dio cuenta de que el hombre que tenían ante ellos era José, su hermano perdido. Pero José sabían quiénes eran.

José usó un intérprete para que no supieran que entendía su lenguaje. Después los probó para ver si habían cambiado de ser esos hombres que casi matan a su hermano, aquellos que le vendieron como esclavo. Cuando José vio que lo sentían y que harían cualquier cosa excepto volver a hacer daño a su padre, les dijo quién era él.

«Soy su hermano, José —les dijo—. Ustedes quisieron hacerme daño, pero Dios sabía que de eso saldría algo bueno. Dios se aseguró de que estuviera aquí en Egipto para salvar sus vidas. Regresen con su padre y mi padre. Díganle que soy

gobernador de todo Egipto y que puede venir aquí tranquilo. Vivirán en la tierra de Gosén con sus familias y todo lo que posean; y tendrán abundancia de alimento durante la hambruna».

Así, Jacob salió de la tierra de Canaán y llevó a sus hijos y nietos con él a vivir a Egipto. Se reunió con José y fue feliz. Dios les había bendecido a todos.

MOISÉS Y LA PRINCESA DE EGIPTO

Tiempo después, subió al poder de Egipto un nuevo rey que no conocía nada de José.

ÉXODO 1:8

Los faraones vienen y van. Llegó el tiempo en el que José había muerto y la tierra de Egipto estaba llena de sus descendientes. Hubo un nuevo faraón que veía a los israelitas con temor porque eran muchos.

Los egipcios hacían trabajar mucho a los israelitas, maltratándolos, pero Dios les bendecía. El faraón ordenó que las parteras mataran a todos los bebés varones que nacieran de mujeres israelitas. Las parteras les dijeron que las mujeres israelitas eran fuertes y daban a luz antes de que ellas llegaran para ayudar. Así que Dios bendijo a las parteras egipcias. Después, el faraón dio la orden de que todos los bebés varones fueran arrojados al río Nilo para que se ahogasen.

Al menos una mujer israelita no dejaría que eso sucediera.

Jocabed escondió a su bebé hasta que tuvo tres meses. Cuando era demasiado grande para seguir escondiéndolo, le puso en una cesta, cubierta con brea para que no le entrara el agua, y le dijo a su hija Miriam que lo escondiera entre los juncos a la orilla del río Nilo.

La hija del faraón escuchó el sonido de un bebé llorando cuando iba al río a bañarse, y sintió lástima del bebé.

—¿Quiere que le encuentre a alguien que se lo cuide? —preguntó Miriam, que estaba por allí cerca vigilando.

—Sí —dijo la princesa—. Me quedaré con este bebé y le llamaré Moisés.

Miriam fue a buscar a su madre, así que fue su mamá la que cuidó del bebé bajo la protección de una princesa egipcia.

Y cuando Moisés fue lo suficientemente mayor, fue a vivir con la princesa. Creció en el palacio como si fuera un egipcio.

LA ZARZA ARDIENTE

Cuando Moisés oyó esto, se cubrió el rostro porque tenía miedo de mirar a Dios.

ÉXODO 3:6

Un día, Moisés vio el sudor cayendo por la frente de los esclavos israelitas. Después vio a un egipcio golpeando a uno de su propio pueblo, y Moisés se enojó. Se aseguró de que nadie le estuviera viendo, y luego mató al egipcio y lo enterró en la arena.

Al día siguiente, Moisés vio a dos israelitas peleando y les preguntó por qué lo hacían.

—¿Y a ti qué? —le respondió uno—. ¿Acaso me vas a matar como mataste al egipcio?

Moisés se dio cuenta de que alguien le había visto, y huyó. Estableció su casa en Madián, y se casó con Séfora, una de las siete hijas de Jetro.

Moisés estaba cuidando las ovejas de Jetro un día cuando vio una zarza que parecía estar ardiendo. Al acercarse, vio que las llamas no destruían las hojas, sino que de ellas salió una voz que le llamaba.

—Aquí estoy —respondió él.

Un ángel del Señor le dijo a Moisés que se quitase sus zapatos, porque la tierra que estaba pisando era santa. Moisés tenía tanto miedo, que escondió su rostro. Después Dios le habló.

—Yo soy el Dios de Abraham, el Dios de Isaac y el Dios de Jacob.

He visto cómo sufre mi pueblo en su esclavitud en Egipto. Quiero liberarles para que vivan en la tierra que les prometí. Ve al faraón. Saca a mi pueblo de Egipto.

—¡Pero no puedo! —dijo Moisés—. ¿Acaso me escucharía el faraón?

—Yo te ayudaré —dijo Dios.

Entonces Dios le dio señales a Moisés que le ayudarían a convencer al faraón de que había sido enviado por Dios. Dios convirtió la vara de Moisés en una serpiente, y luego la volvió a convertir en vara. Hizo que la mano de Moisés se llenara de lepra, y luego la volvió a sanar. Dios le dijo que vertiera un vaso de agua en el Nilo, y se convertiría en sangre.

Moisés aún tenía miedo, porque pensaba que no podía hablar bien.

—Yo te creé —dijo Dios—. Sé todo de ti. Te puedo ayudar con todo lo que te he pedido que hagas. Pero puedes llevar contigo a tu hermano Aarón para que hable por ti.

LAS PLAGAS DE EGIPTO

Esto dice el SEÑOR, Dios de Israel: «Deja salir a mi pueblo».

ÉXODO 5:1

Moisés y Aarón fueron a ver al faraón.

—Hemos venido con un mensaje del Señor, el Dios de Israel. "Deja salir a mi pueblo, para que me adoren" —le dijeron.

—No conozco a tu Dios —dijo el faraón—, y no quiero dejar salir a los israelitas. Son esclavos, y los necesito para trabajar. ¡No les dejaré salir!

Después, el faraón dio nuevas órdenes a sus capataces para que los esclavos tuvieran que buscar su propia paja para hacer los ladrillos y,

por tanto, tener que trabajar aún más que antes.

Moisés y Aarón fueron de nuevo a ver al faraón.

—El Señor, el Dios de Israel dice: "Deja salir a mi pueblo".

Al igual que antes, el faraón rehusó dejar salir a los israelitas.

Así que Dios envió plagas a Egipto.

Primero, el agua del río Nilo se convirtió en sangre. Todos los peces murieron, y el olor era terrible. Pero el faraón rehusó dejar salir al pueblo.

Después llegó la plaga de ranas. Había ranas por todas partes, dentro

de las casas y por toda la tierra. El faraón accedió a dejar salir al pueblo, pero luego cambió de opinión.

Siete veces más, Moisés y Aarón le pidieron al faraón que dejara salir a los israelitas. Cuando el faraón se opuso, Dios envió plagas de mosquitos, moscas y langostas; todos los animales de los egipcios murieron, y la gente se llenó de llagas; unas fuertes granizadas asolaron la tierra, y finalmente todo Egipto se vio sumergido en tinieblas.

Después de cada plaga, el faraón accedía a dejar salir a los israelitas, pero tan pronto como Dios retiraba la plaga, el faraón cambiaba de opinión.

Entonces Dios le dijo a Moisés que enviaría una plaga más. El primogénito de cada criatura viviente en Egipto moriría, pero Dios protegería a su pueblo. Aun así, el faraón no dejó salir al pueblo.

Esa noche, todas las familias israelitas cubrieron los dinteles de sus puertas con la sangre de un cordero, para que el ángel de la muerte pasara de largo. Comieron cordero asado con panes sin levadura y hierbas, se pusieron sus túnicas y sandalias, y se dispusieron a salir rápidamente.

Después los clamores de los egipcios se pudieron oír por toda la tierra. Dios había enviado la décima y última plaga.

El paso del mar Rojo

No tengan miedo. Sólo quédense quietos y observen cómo el SEÑOR los rescatará hoy.

ÉXODO 14:13

El faraón les dijo a Moisés y a Aarón que se llevaran a su pueblo, su ganado y su rebaño y se fueran de la tierra de Egipto. Los egipcios incluso les dieron a los israelitas oro y plata a fin de que se fueran.

Después Dios guió a su pueblo hasta la tierra de Canaán. De día Dios se les aparecía como una columna de nube y de noche lo hacía como una columna de fuego. Dios les guió por el desierto hacia el mar Rojo.

Pero en seguida el faraón volvió a cambiar de opinión, y comenzó a lamentar haber dejado ir a los esclavos. Tomó 600 de sus mejores carros y todos los carros que pudiera encontrar en Egipto; tomó caballos, jinetes y tropas a pie para perseguir a los israelitas.

Cuando los israelitas vieron el polvo de los carros que les perseguían, tuvieron mucho miedo.

«¿Acaso no había tumbas en Egipto? —le dijeron a Moisés—. ¿Nos has traído hasta este desierto para morir?».

Pero Moisés no tenía miedo. Sabía que Dios salvaría a su pueblo.

Moisés estiró su mano hacia el mar Rojo, y Dios envió un viento que soplaba contra las olas para que los

israelitas pudieran pasar hasta el otro lado por tierra seca. Los egipcios comenzaron a perseguirles, pero Moisés volvió a estirar su mano y Dios hizo que las aguas volvieran a su lugar. El faraón y su ejército y sus carros fueron sepultados bajo las aguas del mar Rojo.

Cuando Moisés y los israelitas vieron lo que había ocurrido, cantaron y bailaron para darle gracias a Dios por salvarles de años de sufrimiento.

«¡Nuestro Dios es grande y poderoso! Arrojó a la mar caballos y jinetes. ¡Nuestro Dios es fuerte y poderoso! Vino para rescatarnos a todos, acudió a nosotros como nos prometió. Nos ama y nos guía. ¡Canten al Señor Dios! ¡Él es el más grande!».

LOS DIEZ MANDAMIENTOS

Yo soy el SEÑOR tu Dios, quien te rescató de la tierra de Egipto, donde eras esclavo.

ÉXODO 20:2

Moisés guió a los israelitas a través del desierto más allá del mar.

Cuando necesitaron agua, Dios endulzó las aguas. Cuando tuvieron hambre, Dios hizo que cayera el maná del cielo como lluvia, y envió codornices para que comieran. El maná parecía escarcha y sabía a obleas hechas con miel. Dios se aseguró de que tuvieran suficiente para dos días al final de la semana para que pudieran descansar el séptimo día, el día de reposo.

Después de tres meses en el desierto, los israelitas acamparon al pie del monte Sinaí. Dios habló a Moisés.

«Yo les salvé de los egipcios y les hice cruzar a salvo el mar Rojo —dijo Dios—. Ahora les haré una promesa: si me obedecen, y cumplen su parte, serán mi pueblo escogido y yo seré su Dios».

Los israelitas acordaron obedecer a Dios. Querían ser su pueblo especial. Dios llamó a Moisés a la cima del monte para darle reglas a fin de que su pueblo pudiera vivir en paz y armonía. Dios las grabó en dos tablas de piedra con su propia mano.

«Yo soy el Señor tu Dios, quien te rescató de Egipto donde eras esclavo. No tengas ningún otro dios aparte de mí.

»No te hagas ninguna clase de ídolo ni imagen de ninguna cosa que está en los cielos, en la tierra, o en el mar. No te inclines ante ellos ni les rindas culto.

»No hagas mal uso del nombre del Señor tu Dios.

»Acuérdate de guardar el día de descanso. Tienes seis días para hacer tu trabajo habitual, pero el séptimo día está dedicado al Señor tu Dios. Ese día, nadie hará trabajo alguno.

»Honra a tu padre y a tu madre, y vivirás largos días en la tierra que te doy

»No matarás.

»Sé fiel en el matrimonio.

»No robes.

»No digas mentiras sobre otros.

»No codicies nada que pertenezca a otros. No codicies la casa de tu prójimo, ni su esposa o su esposo, sus esclavos, bueyes, burros ni ninguna otra cosa».

Dios también le dijo a Moisés cómo quería que le adorara su pueblo. Cuando Dios terminó de hablar con Moisés, le dio las dos tablas de piedra y Moisés descendió del monte con ellas.

CUARENTA AÑOS EN EL DESIERTO

Hoy te he dado a elegir entre la vida y la muerte, entre bendiciones y maldiciones.

¡Ay, si eligieras la vida, para que tú y tus descendientes puedan vivir!

DEUTERONOMIO 30:19

Dios prometió a los israelitas una tierra donde fluye leche y miel, rica y fértil, donde podrían vivir en paz y adorarle. Al acercarse a Canaán, Dios le dijo a Moisés que enviara un hombre de cada una de las doce familias o tribus para explorar la tierra prometida.

A su regreso, Caleb y Josué llevaron entre ellos un palo con una rama muy pesada que tenía unas jugosas uvas. También llevaron higos y granadas. La tierra sería un lugar maravilloso para vivir; pero los otros diez espías no estaban tan contentos.

—Vimos un pueblo tan grande como gigantes, y sus ciudades están amuralladas —advirtieron.

Al oírlo, los israelitas se querían volver a Egipto.

—Pero Dios ha prometido darnos esta tierra maravillosa. ¡Debemos confiar en Él! —dijo Moisés.

Pero la gente no escuchaba. Así que Dios hizo que quienes no querían entrar en la tierra prometida vagaran por el desierto durante cuarenta años. Solo sus hijos y los dos espías que confiaron en Dios entrarían en la tierra prometida.

Antes de morir, Moisés se dirigió al pueblo por última vez.

«Ayuden a los pobres. Si comparten lo que tienen y son generosos unos con otros tendrán cosechas abundantes y agua más que suficiente. Las naciones que les rodean verán que Dios les ha bendecido. Pero deben amar a Dios y guardar sus mandamientos. Dios les ha dado a elegir entre la vida y la muerte. Elijan la vida, y vivan una larga vida en la tierra que Él les dará».

Moisés llamó a Josué e impuso sus manos sobre él delante de todo el pueblo.

«Josué, sé fuerte y valiente. Dios te ha elegido para guiar a su pueblo a la tierra prometida».

RAHAB ESCONDE A LOS ESPÍAS

Pues el SEÑOR su Dios es el Dios supremo arriba, en los cielos, y abajo, en la tierra.

JOSUÉ 2:11

Josué y los israelitas habían acampado a un lado del río Jordán. En el otro lado estaba la ciudad de Jericó, con unos muros gruesos y altos.

Josué envió espías a la ciudad. Llegaron en secreto hasta una casa construida en las murallas de la ciudad. Hablaron con Rahab, la mujer que vivía allí e indagaron sobre los habitantes de Jericó. Pero los espías no habían sido suficientemente cuidadosos. Llegó hasta oídos del rey de Jericó que Rahab estaba hablando con unos espías israelitas, y le envió un mensaje para que los entregara.

Rahab rápidamente escondió a los espías bajo el lino que se estaba secando en la azotea. Le dijo al rey que los espías ya se habían ido, y que estarían a la altura de la puerta de la ciudad. Los

hombres del rey se apresuraron para alcanzar a los israelitas.

Cuando pasó el peligro, Rahab fue a los hombres escondidos en la azotea e hizo un trato con ellos.

«Su fama aquí es bien conocida por todos. Saben que su Dios partió las aguas del mar Rojo. Saben que les salvó de la esclavitud de Egipto. Saben que Él está con ustedes ahora y que entregará esta ciudad en sus manos. Dios está de su lado y todos tenemos miedo. Así que, ayúdenme ahora. Prometan que salvarán a mi familia cuando tomen la ciudad».

Los espías accedieron. Le dijeron que llevara a toda su familia a la habitación y que colgara de la ventana un cordón rojo en el muro de la ciudad para que cuando los israelitas entraran en la ciudad, no les hicieran daño alguno.

Así que Rahab ayudó a los espías a escapar por la ventana y a bajar por el muro de la ciudad para ocultarse después en las colinas.

EL CRUCE DEL RÍO JORDÁN

¡Sé fuerte y valiente! No tengas miedo ni te desanimes, porque el SEÑOR tu
Dios está contigo dondequiera que vayas.

JOSUÉ 1:9

Josué escuchó los informes que le llevaron los espías. Ahora sabía que la gente de Jericó temía por sus vidas. Dios había prometido ayudarles y Dios cumpliría su promesa. Pero Josué aún tenía que cruzar el río Jordán con todos los israelitas.

Dios animó a Josué.

«Hoy, todos sabrán que estoy aquí para ayudarte, así como ayudé a Moisés. No temas. Confía en mí. No te dejaré». Luego Dios le dio instrucciones a Josué sobre cómo debía guiar al pueblo a la tierra prometida cruzando el río Jordán. Josué hizo exactamente lo que Dios le dijo.

Primero los sacerdotes entraron en el río llevando el arca del pacto, la cual contenía las dos tablas de piedra con los Diez Mandamientos escritos. Tan pronto como lo hicieron, las aguas que bajaban por el río se detuvieron. Los sacerdotes se quedaron en medio del río, y los israelitas, hombres, mujeres y niños,

cruzaron por tierra seca. Después, un hombre de cada una de las doce tribus tomó una piedra de en medio del río, y la colocó al otro lado del río para dejar constancia de lo que Dios había hecho por ellos. Cuando todos habían cruzado el río, los sacerdotes que llevaban el arca del pacto caminaron también hasta el otro lado del río. Solo entonces las aguas del río Jordán volvieron a fluir.

Nadie quería luchar contra los israelitas tras ese incidente. Todos los habitantes de Canaán oyeron cómo Dios había hecho cruzar de forma segura a miles de personas a través del río Jordán.

LA BATALLA DE JERICÓ

El maná dejó de caer… y nunca más se vio. Así que, desde ese momento, los israelitas comieron de las cosechas de Canaán.

JOSUÉ 5:12

Josué acampó con todos los israelitas fuera de los muros de Jericó. Juntos comieron la comida especial de la Pascua que conmemoraba la ocasión en que Dios los liberó de la esclavitud en Egipto. Y desde entonces no necesitaron más el maná que Dios les había enviado del cielo. Luego esperaron hasta que Dios les dijo lo que habían de hacer después.

De repente, un hombre con una espada en su mano se le apareció a Josué en el camino. Josué sabía que Dios lo había enviado, y se arrodilló.

«Soy el capitán del ejército de Dios —dijo el hombre—. Te diré lo que debes hacer. Siete sacerdotes irán delante de ti marchando alrededor de los muros. Los sacerdotes deben caminar delante

del arca, cada uno con una trompeta, durante seis días. El séptimo día, deberán marchar alrededor de los muros siete veces, haciendo sonar sus trompetas. Cuando suene la trompeta emitiendo un sonido largo, será la señal para que todo el pueblo grite. Entonces los muros de la ciudad caerán delante de todos».

Las puertas de la ciudad de Jericó estaban delante de Josué y su ejército, cerradas firmemente ante ellos. La gente que estaba dentro de la ciudad veía y esperaba, preguntándose qué harían ahora los israelitas.

Josué dirigía al pueblo de Dios. Durante seis días marcharon como Dios les había dicho. El séptimo día, al sonido largo de la trompeta, la gente gritó, y las murallas de Jericó temblaron y cayeron.

Los israelitas entraron en la ciudad. Encontraron a Rahab y a toda su familia y los protegieron como habían prometido, porque ella había escondido a los espías y creyó que Dios estaba con ellos.

Dios les había dado la victoria. Los israelitas estaban en la tierra prometida.

DÉBORA,
UNA JUEZ SABIA

Porque el SEÑOR marcha delante de ti.

JUECES 4:14

Pasaron muchos años, y a veces los israelitas amaban a Dios y seguían sus mandamientos, pero cuando se olvidaban de Él y adoraban a otros dioses y menospreciaban a los pobres, eran oprimidos por los pueblos vecinos que vivían en Canaán.

El rey Jabín tenía un ejército grande y feroz. Su comandante, Sísara, tenía 900 carros de hierro, y durante veinte años oprimió a Israel. Entonces los israelitas se acordaron de Dios en su sufrimiento y oraron pidiendo ayuda.

Una profetisa llamada Débora dirigía a Israel en ese tiempo. Ella amaba a Dios, y cuando Dios oyó las oraciones de su pueblo, le dijo a Débora lo que tenía que hacer. Débora mandó buscar a Barac, un gran soldado.

—Dios tiene una tarea para ti, Barac. Debes ir con diez mil hombres al monte Tabor. Sísara y el ejército del rey Jabín irán al río Kisón y quedarán atrapados allí. Entonces podrás derrotarles.

Barac escuchó a Débora, pero tuvo miedo.

—No puedo hacerlo —dijo—. Quiero que vengas conmigo.

A Débora le entristeció que

Barac no confiara en Dios, pero accedió a ir con él.

—Hoy se logrará la victoria, Barac, pero la conseguirá una mujer, y no tú.

Cuando Sísara oyó que Barac estaba preparando un ataque, reunió a su ejército y 900 carros junto al río. Barac subió al monte Tabor con sus tropas y esperó la señal de Débora. Mientras atacaban, Dios envió una tormenta que hizo que el río se desbordara rápidamente. Los carros de Sísara quedaron atrapados en el barro. Se produjo un caos.

Sísara huyó del campo de batalla y buscó un lugar donde esconderse.

Una mujer llamada Jael vio a Sísara y le ofreció cobijo.

—No tema —dijo ella—. Nadie le encontrará aquí en mi tienda.

Jael le ofreció leche para beber y le ocultó para que nadie lo viera. Después, exhausto, Sísara se quedó dormido.

Pero Jael estaba de parte de Dios. Mientras Sísara dormía, le atravesó la cabeza con una estaca de la tienda.

Cuando Barac llegó buscando a Sísara, Jael le mostró al hombre muerto, asesinado por una mujer, como Débora había profetizado.

«¡Gloria a Dios! —cantaron Débora y Barac—. Él nos ha salvado de nuestros enemigos».

EL VELLÓN DE GEDEÓN

Los israelitas hicieron lo malo a los ojos del SEÑOR.

JUECES 6:1

Hubo paz durante cuarenta años, hasta que de nuevo los israelitas se olvidaron de lo que Dios había hecho por ellos. Esta vez los madianitas les oprimían. Esperaban hasta que los israelitas habían sembrado los cultivos, y luego venían saqueadores en sus camellos y estropeaban la tierra o robaban las cosechas.

Los israelitas estaban débiles por el hambre. Se escondían en las montañas y vivieron atemorizados durante siete años.

Entonces se acordaron de Dios y oraron. Dios envió a Gedeón para ayudarles.

Gedeón se estaba escondiendo de los madianitas, trillando el grano, cuando Dios le envió un ángel para decirle que había sido escogido para ayudar a su pueblo.

—¡Guerrero valiente, Dios está contigo! —le dijo el ángel a Gedeón—. Dios quiere que salves a Israel de los madianitas.

—¿Pero por qué yo? —respondió Gedeón—. No soy el indicado. Mi clan es el más pequeño de toda la tribu, y yo soy el más insignificante de mi familia.

—Dios te ayudará —dijo el ángel—. No estarás solo.

—¡Necesito una señal que me demuestre que no estoy soñando! Pondré un vellón en el suelo esta noche. A la mañana siguiente, si el vellón está mojado y la tierra seca, sabré que quieres que dirija a Israel.

Por la mañana Gedeón exprimió el vellón. Estaba mojado, pero el suelo estaba todo seco.

—Por favor Señor, no te enojes conmigo, pero debo estar bien seguro. Permíteme poner de nuevo el vellón, pero esta vez que el suelo esté mojado y el vellón seco.

Por la mañana, el suelo estaba cubierto de rocío, y el vellón estaba seco. Dios había respondido a Gedeón. Ahora estaba listo para ayudar al pueblo de Dios y guiarles contra sus enemigos.

LA TROMPETA EN LA NOCHE

Entonces el SEÑOR le dijo a Gedeón: «Tienes demasiados guerreros contigo».

JUECES 7:2

Gedeón reunió a todos los hombres que podían luchar.

Pero el ejército era demasiado numeroso.

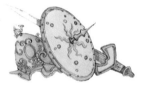

«Tienes demasiados soldados —le dijo Dios a Gedeón—. Cuando ganen la batalla, los israelitas creerán que fueron ellos quienes lo hicieron. Envía a casa a todos los que tengan miedo».

Muchos hombres tenían miedo. Ese día, regresaron a casa veintidós mil hombres.

«Aún son demasiados —dijo Dios—. Envía a los hombres al río a beber».

Algunos hombres se arrodillaron para beber, mientras que otros bebían el agua de sus manos.

«Me quedaré con los hombres que bebieron de sus manos —dijo Dios—. Envía a los demás a casa».

Ahora Gedeón tenía un ejército de solo 300 hombres para luchar contra los madianitas.

Entonces Dios le dijo a Gedeón que descendiera al campamento enemigo en la noche y escuchara lo que decían los soldados. Gedeón vio a decenas de miles de hombres, y más camellos que la arena en la orilla del mar.

—¡He tenido un sueño terrible! —oyó Gedeón que uno le decía a otro—. Un pan de cebada redondo y gigante venía rodando hasta nuestro campamento. ¡Chocó contra la tienda de forma tan violenta que la aplastó!

—¡Pero eso significa que Dios está de parte de Gedeón! —dijo otro—. ¡Ganarán esta batalla!

Gedeón regresó de puntillas a su propio campamento, dando gracias a Dios en silencio por lo que había oído.

«¡Vengan! Dios ya ha ganado la batalla por nosotros» —dijo a sus hombres.

Gedeón dividió a sus hombres en tres grupos, y le dio a cada hombre una trompeta y una antorcha encendida cubierta con un cántaro vacío. Después, los israelitas rodearon el campamento enemigo mientras aún era de noche. A la señal de Gedeón, él y sus hombres hicieron sonar las trompetas y rompieron los cántaros.

«¡Por el Señor y por Gedeón!» —gritaron.

Los madianitas se aterraron. Tropezaron y cayeron unos sobre otros en la oscuridad. Se mataron entre ellos con sus espadas, sin saber dónde estaba su enemigo.

Todo ocurrió como Dios había prometido. Dios había salvado una vez más a su pueblo.

SANSÓN, EL HOMBRE FUERTE

Quedarás embarazada y darás a luz un hijo, a quien jamás se le debe cortar el cabello. Pues él
será consagrado a Dios como nazareo desde su nacimiento.

JUECES 13:5

Con el paso del tiempo, los israelitas regresaron de nuevo a sus viejos caminos. Los filisteos se convirtieron en sus opresores y reinaron sobre ellos durante cuarenta años.

Dios envió un ángel a una mujer

que no podía tener hijos, la esposa de un hombre llamado Manoa.

«No temas. Dios te bendecirá con un hijo varón que salvará a Israel de los filisteos. Su vida será consagrada a Dios».

Cuando la mujer dio a luz al niño, le llamó Sansón, y Dios bendijo al niño.

Cuando Sansón creció, quiso casarse con una mujer filistea. Antes de la boda, un león joven saltó hacia él e intentó atacarle. Dios le dio a Sansón una fuerza increíble, y él luchó con el león y lo mató con sus propias manos. Pero Sansón no le contó a nadie lo ocurrido. Cuando Sansón regresó al lugar poco después, observó que las abejas habían anidado en el cuerpo del león. Sansón encontró miel en su interior. Así que durante el banquete de bodas, Sansón les propuso un acertijo a algunos de los filisteos.

«Del que come, salió algo para comer, y del fuerte, salió algo dulce. Si aciertan la respuesta a mi acertijo antes de siete días, les daré un premio, y si no, ustedes me lo darán a mí».

Los filisteos no pudieron resolver el acertijo, pero no se rendirían ante un israelita, así que amenazaron en secreto a la nueva esposa de Sansón para averiguar la respuesta. La mujer lloró y le suplicó a Sansón que le dijera la respuesta, hasta que lo consiguió, y después se lo contó a los filisteos. Los filisteos le respondieron a Sansón: «¿Qué hay más dulce que la miel? ¿Y qué hay más fuerte que un león?».

Sansón se enfureció. Sabía que le habían engañado y regresó a la casa de su padre muy enojado. Entonces su suegro entregó la esposa de Sansón a otro hombre.

Cuando Sansón se enteró del hecho, incendió los campos de los filisteos. Después, con la fuerza que Dios le había dado, usó la quijada de un burro para matar a mil de sus enemigos.

DERROTA DE LOS FILISTEOS

Soberano SEÑOR, acuérdate de mí otra vez. Oh Dios, te ruego que me fortalezcas sólo una vez más.

JUECES 16:28

Los filisteos odiaban a Sansón, pero también tenían miedo de su enorme fortaleza.

Cuando Sansón se enamoró de una mujer llamada Dalila, los filisteos le sobornaron para que les contara el secreto de su enorme fuerza.

Noche tras noche, ella le preguntaba: «Dime cuál es el secreto de tu fuerza».

Sansón vio en ello un entretenimiento en un principio, así que bromeaba dándole falsas respuestas. Dalila le ató con siete cuerdas de arco nuevas, después con siete sogas. Entretejió sus largas trenzas con la tela del telar. Pero cuando le probó, Sansón aún conservaba su fuerza.

«Si en verdad me amas, me lo dirás» —dijo ella.

Finalmente Sansón no pudo soportarlo más, y le contó su secreto a Dalila.

«Nunca me han cortado el cabello —le dijo—. Si me afeitan la cabeza, perderé mi fuerza».

Entonces, cuando Sansón dormía, afeitaron su cabeza. Después, cuando Dalila le dijo que los filisteos venían para capturarle, su fuerza era la de cualquier otro hombre. Le capturaron, le quitaron los ojos y le metieron en prisión.

Los filisteos celebraron su victoria sobre Sansón. Le sacaron de la prisión para burlarse de él. Todos los gobernantes filisteos estaban en el templo, junto a otras tres mil personas en el tejado.

Sansón pidió al siervo que le guiaba que le pusiera entre las columnas del templo. Después estiró sus brazos.

«Ayúdame a derrotar a mis enemigos, Señor —oró Sansón—. Dame fuerza sólo una vez más y permíteme morir como he vivido, destruyendo a los filisteos».

Sansón empujó las columnas con toda su fuerza y Dios respondió su oración. Las enormes columnas se agrietaron, haciendo que las paredes cedieran y causando que el techo se desplomara al suelo. Sansón había destruido el templo de los filisteos, y con él, a miles de filisteos. Al morir, mató a más enemigos que en el transcurso de su vida.

RUT Y BOOZ

A donde tú vayas, yo iré; dondequiera que tú vivas, yo viviré.
Tu pueblo será mi pueblo, y tu Dios será mi Dios.

RUT 1:16

Había una hambruna en Israel. Elimelec llevó a su esposa Noemí a vivir en Moab. Sus hijos, Mahlón y Quelión, se casaron allí.

Elimelec murió en Moab. Mahlón y Quelión también murieron y las tres mujeres se quedaron solas. Cuando Noemí decidió regresar a su tierra natal cerca de Belén, animó a sus nueras a quedarse en Moab. Pero Rut no dejaría sola a Noemí.

«Tu pueblo será mi pueblo y tu Dios será mi Dios. Yo iré a donde tú vayas, moriré donde tú mueras, y seré enterrada allí».

Así que Rut y Noemí fueron a Belén.

«Iré y recogeré el grano que sobra en los campos, para que podamos comer» —le dijo Rut a Noemí.

Dios bendijo a Rut, y se dispuso a trabajar en los campos que eran de Booz, un familiar de Elimelec. Trabajaba mucho, y cuando Booz se enteró de que se había portado bien con Noemí, fue bueno con ella asegurándose de que tuviera grano suficiente que recoger para que no pasaran hambre.

Noemí vio que Booz era bueno con ella y

le recordó su costumbre, que si un hombre moría dejando una esposa joven, un familiar debía casarse con ella para cuidar de su familia. Booz accedió a cuidar de Rut y Noemí. Cuando se aseguró de que no hubiera ningún otro pariente que se quisiera casar con Rut, hizo los preparativos para el día de su boda.

Booz estaba feliz. Se casó con Rut y Dios les bendijo a todos. Tiempo después, Noemí no solo estaba viviendo en la casa de Booz, sino que orgullosamente también sostenía a su primer nieto.

«Perdí a mi esposo y a mis dos hijos, pero Dios me dio a Rut, quien ha cuidado de mí como si fuera mi propia hija. Ahora tengo un nieto, Obed. Dios me ha bendecido» —dijo Noemí.

Obed creció y tuvo un hijo llamado Isaí, que tuvo ocho hijos. Al menor de ellos le llamó David.

ANA CUMPLE SU PROMESA

Le pedí al SEÑOR que me diera este niño, y él concedió mi petición.

1 SAMUEL 1:27

Elcana y sus dos esposas, Ana y Penina, iban a Silo cada año para adorar a Dios. Penina tenía muchos hijos pero Ana no tenía ninguno. Un año, Ana fue al lugar de adoración y lloró.

«Señor Dios —oraba—, si me bendices con un hijo, te lo entregaré para que te sirva toda su vida». Ana confió en Elí, el sacerdote, y le dijo por lo que había estado orando.

—Que Dios te bendiga y responda tu oración —dijo él.

Dios respondió la oración de Ana. Tiempo después, dio a luz al pequeño Samuel. Ana amaba mucho a su hijo, pero Ana cumplió su promesa.

Cuidó de Samuel hasta que fue lo suficientemente mayor como para dejarle, y entonces lo llevó a Silo.

—Dios respondió mis oraciones —le dijo a Elí—. Ahora mi hijo debe aprender a servir a Dios.

Samuel se convirtió en el ayudante de Elí. Cuando Elí empezó a quedarse ciego, comenzó a depender de Samuel.

Una noche, cuando todos estaban durmiendo, Dios llamó a Samuel.

Samuel se despertó con el sonido de la voz pero no sabía quién era. Se levantó y fue a ver a Elí.

—Aquí estoy —dijo Samuel—. ¿Me llamabas?

—No, no te llamé —dijo Elí—. Vuelve a dormir.

Poco después, Samuel escuchó de nuevo la voz que le llamaba.

«¡Samuel!, ¡Samuel!» —le llamó Dios.

Él acudió de nuevo a ver a Elí.

—Yo no te he llamado —dijo Elí—. Regresa a tu cama.

Después Samuel oyó la voz por tercera vez. Esta vez Elí entendió quién era el que le llamaba.

—Dios te está llamando —dijo Elí—. Esta vez, si vuelves a oír la voz, responde así: "Habla, Señor, que tu siervo oye".

Dios volvió a llamar a Samuel y él respondió. Entonces Dios le contó a Samuel sus planes para su pueblo. Elí y todo el pueblo vieron que Samuel era el profeta que Dios había enviado para ayudarles.

EL PRIMER REY DE ISRAEL

Danos un rey para que nos juzgue así como lo tienen las demás naciones.

1 SAMUEL 8:5

Cuando Samuel ya era anciano, los israelitas pidieron un rey.

«Queremos ser como las demás naciones —dijeron—. No hay ningún hombre bueno que pueda ocupar tu lugar que sirva a Dios».

Samuel sabía que eso no era lo que Dios quería para su pueblo, pero aun así oró.

«Este pueblo me rechaza —dijo Dios—. Un rey no puede darles lo que ellos quieren; son tercos como sus antepasados. Pueden tener un rey que les gobierne, pero les hará aún más infelices».

Samuel advirtió al pueblo, pero ellos no quisieron oír.

Dios le indicó a Samuel quién sería el primer rey de Israel. Cuando Samuel vio al joven alto y apuesto que caminaba hacia él, supo que Saúl era el hombre que Dios había elegido.

—Estamos buscando al profeta de Dios —dijo Saúl—. ¿Sabe dónde podemos encontrarle?

—Ya le han encontrado —le respondió Samuel—. Vengan a comer conmigo. Mañana tengo algo importante que contarles. Y pueden dejar de preocuparse por los burros perdidos de su padre: ya los han encontrado.

Saúl sabía que ese debía de ser el profeta de Dios, porque ya sabía el asunto de los burros que estaba buscando. Al día siguiente, Samuel le dijo a Saúl que dejara que su siervo se adelantase para poder hablar a solas con él. Después, Samuel ungió a Saúl con aceite. Él sería el primer rey de Israel.

«Dios te dará el poder para que seas una persona capaz de reinar sobre Israel. No temas. Dios te ayudará».

Saúl regresó con su familia con los burros perdidos, pero no le contó a nadie acerca de los planes de Dios para él hasta que Samuel convocó a todo el pueblo para darles a su rey.

Samuel recorrió las doce tribus de Israel hasta elegir a Benjamín; recorrió todas las familias hasta que eligió a la familia de Cis y luego llegó a Saúl, su hijo.

«¡Larga vida al rey!» —gritó el pueblo de Dios cuando Samuel les presentó a su nuevo líder. Los israelitas tenían lo que habían pedido: un rey como las demás naciones.

EL HIJO MEJOR DE ISAÍ

El SEÑOR no ve las cosas de la manera en que tú las ves. La gente juzga por las apariencias, pero el SEÑOR mira el corazón.

1 SAMUEL 16:7

Al principio, Saúl fue un buen rey que guió a su pueblo en la batalla. Obtuvo victorias para ellos, pero pronto dejó de confiar en la ayuda de Dios. Comenzó a hacer lo que él quería aun cuando era lo contrario de lo que Dios le había dicho que hiciera. Accedió cuando el pueblo quiso quedarse con el botín de sus enemigos. Samuel meneó su cabeza entristecido al verlo.

«Dios quiere que seas obediente, ¡no que le ofrezcas sacrificios! —le dijo Samuel—. Dios me ha dicho que no puedes ser su rey actuando a tu manera. Si rechazas su ayuda, Él te rechazará a ti como rey».

Luego Samuel esperó para ver lo que haría Dios.

«Llena tu cuerno de aceite —dijo Dios un día—. He elegido al hombre que será rey después de Saúl. Ve a Belén, e invita a Isaí a una fiesta».

Samuel fue a Belén y dio una fiesta para el pueblo. Cuando vio al hijo mayor de Isaí, pensó que debía de ser el rey que Dios había elegido, pero Dios dijo que no.

«No le he elegido a él, Samuel. Tú sólo puedes ver la apariencia de las personas, pero yo veo su corazón».

Después Samuel conoció al segundo hijo de Isaí, pero tampoco era el que Dios había elegido.

Cuando Samuel había visto a los siete hijos de Isaí, y ninguno de ellos era el que Dios había elegido, Samuel le preguntó a Isaí si tenía algún otro hijo.

—Sí, queda el más pequeño, David. Está cuidando las ovejas — respondió Isaí.

Entonces fueron a buscar a David y le trajeron a la fiesta.

«Este es el hombre que he elegido como rey —le dijo Dios a Samuel—. Úngele».

EL DESAFÍO DEL GIGANTE

¡El mismo SEÑOR que me rescató de las garras del león y
del oso me rescatará de este filisteo!

1 SAMUEL 17:37

Ahora que Dios había dejado de bendecir a Saúl, el rey experimentó períodos de mal humor y a menudo estaba deprimido y enojado.

Sus siervos le ofrecieron encontrar a alguien que tocara una música tranquilizadora para calmarle, y cuando Saúl accedió, llevaron a David, el hijo de Isaí, para que tocara su arpa. David componía canciones y las cantaba cuando tocaba.

«El Señor es mi pastor. Nada me faltará. En lugares de delicados pastos me hará descansar. Junto a aguas de reposo me pastoreará».

Un día, David vio que en el frente de batalla los israelitas se habían reunido en un monte y los filisteos en otro. En el valle que había entre ellos, el campeón filisteo, un gigante llamado Goliat, subía y bajaba, desafiando a los israelitas a enviar a un hombre para luchar contra él.

Goliat llevaba un casco de bronce en la cabeza; una armadura de bronce en su cuerpo; protectores de bronce en sus gruesas piernas y una jabalina de bronce y una lanza también de bronce con una pesada punta de hierro.

«¡Cómo se atreve a desafiarnos! —dijo David a los hombres que estaban a su alrededor—. El Dios viviente está de nuestro lado».

Los israelitas se miraron unos a otros. Estaban aterrados, y nadie se había ofrecido a luchar contra el gigante. El rey Saúl mandó llamar a David.

—No deberíamos tener miedo de este guerrero —dijo David—. ¡Yo iré!

—Ni tan siquiera eres soldado —dijo Saúl—. Este gigante es un guerrero profesional.

—Cuido las ovejas de mi padre todos los días y las protejo de los leones y los osos. Dios cuida de mí, así como lo hará también ahora.

Saúl le dio a David su propia armadura pero era demasiado grande y pesada. David tomó cinco piedras del arroyo y se fue con su honda de pastor.

Cuando Goliat le vio, se rió. Pero David gritó desde el otro lado del arroyo.

«Tú vienes contra mí con espada, lanza y jabalina, pero yo vengo contra ti en el nombre del Señor. Todos sabrán hoy que hay un Dios en Israel que puede salvarnos».

David dio vueltas a su honda alrededor de su cabeza, y la piedra golpeó en la frente de Goliat, y el gran hombre cayó al suelo. Los filisteos huyeron para salvar sus vidas.

EL REGALO DE DIOS A SALOMÓN

Dame un corazón comprensivo para que pueda gobernar bien a tu pueblo,
y sepa la diferencia entre el bien y el mal.

1 REYES 3:9

David se convirtió en rey después de Saúl, y cuando David murió, su hijo Salomón se convirtió en rey.

Una noche, Dios le habló a Salomón en un sueño.

—Pídeme lo que quieras —le dijo Dios—, y te lo daré.

—¡Ya me has dado muchas cosas!

Lo único que necesito es sabiduría, para poder gobernar con justicia y ser un buen rey —le respondió Salomón.

A Dios le agradó la petición de Salomón, y le dio el don de sabiduría, pero también le dio riqueza y poder. Y Dios prometió darle una larga vida si continuaba obedeciéndole y guardando sus mandamientos.

Un día, llevaron a dos mujeres a la corte de Salomón que se acusaban mutuamente.

—Majestad —lloraba una de las mujeres—, esta mujer y yo vivimos

en la misma casa. Yo di a luz a un hijo, y luego, tres días después, ella también tuvo un hijo. Ambas nos fuimos a dormir con nuestros bebés en los brazos, pero esta mujer dio vueltas en la cama encima del bebé y él murió. Después cambió a su hijo muerto por mi bebé vivo.

—¡Está mintiendo! —gritó la otra mujer—. Mi hijo está vivo; el tuyo es el que ha muerto.

—¡Tráiganme una espada! —ordenó Salomón—. Corten al bebé en dos para que cada una se lleve una mitad.

Pero Salomón sabía que la verdadera madre no dejaría que su hijo sufriera daño alguno.

—¡No le hagan daño! —le rogó al rey la primera mujer—. Denle el bebé a ella.

—¡No, córtenle por la mitad! —respondió la otra mujer.

—Den el bebé a la primera mujer —ordenó Salomón—. Ella es la madre.

Entonces todo Israel supo que Dios le había dado sabiduría para juzgar entre ellos con justicia.

ELÍAS TRAE MALAS NOTICIAS

Los cuervos le llevaban pan y carne por la mañana y por la noche, y él bebía del arroyo.

1 REYES 17:6

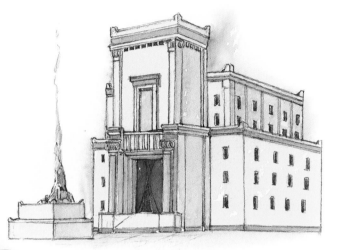

Salomón trajo la paz a Israel. Después construyó un hermoso templo para Dios, hecho de los mejores cedros del Líbano y forrado de madera recubierta de oro. Salomón adoró a Dios en el templo y le pidió que bendijera a su pueblo y les mostrase amor y compasión.

Dios prometió que siempre sería su Dios y oiría a su pueblo cuando ellos orasen. Pero también le hizo una advertencia a Salomón.

«Si ignoras los mandamientos que te he dado, este templo quedará en ruinas. Las gentes que pasen por aquí sabrán que fue porque tú no amaste al Dios que te sacó de Egipto y te salvó».

Tras la muerte de Salomón, los reyes de Israel se sucedieron. El reino se dividió en norte y sur. Uno tras otro, los reyes quebrantaban los mandamientos de Dios. Cada rey era peor que el anterior, y ninguno amaba a Dios como lo hizo el rey David, y cuando Acab se convirtió en rey, se casó con Jezabel, la cual adoraba al dios cananeo de la lluvia, Baal. El pueblo que antes adoraba a Dios como el Creador del mundo entero, ahora se postraba ante ídolos que habían hecho con sus propias manos.

Dios envió su profeta, Elías, al rey Acab para advertirle que cambiara sus caminos.

«Dios, el Dios verdadero, me ha enviado para decirle que no habrá lluvia. Habrá una sequía terrible, no de semanas o meses, sino de años. No volverá a llover hasta que Dios quiera mandarla de nuevo».

El rey Acab se llenó de ira, ¡y Elías huyó!

Dios envió a Elías al lado oriental del río Jordán, donde el arroyo Querit le daría agua limpia para beber durante la sequía. Los cuervos le llevaban la comida a Elías. Elías encontró cobijo y se quedó allí, a salvo del rey Acab, durante un tiempo. Dios se aseguró de que Elías tuviera todo lo que necesitaba.

No había lluvia. Día tras día, el ardiente sol se ponía y el amanecer no traía rocío. La tierra estaba seca y cuarteada y, al poco tiempo, incluso el agua del arroyo se secó.

EL ACEITE QUE NO SE ACABABA

Pues el SEÑOR, Dios de Israel dice: Siempre habrá harina y aceite de oliva en tus recipientes,
¡hasta que el SEÑOR mande lluvia!

1 REYES 17:14

Elías confiaba en que Dios cuidaría de él, así que no le sorprendió mucho ver a una mujer juntando leña en Sarepta.

—Por favor, estoy sediento. ¿Puedes darme un poco de agua, y algo de comer? —le preguntó Elías.

—No tengo pan para darle —respondió ella—. Solo tengo harina y aceite suficiente para una última comida para mí y para mi hijo. Estoy juntando esta poca leña para hacer un fuego en donde cocinar. Luego comeremos y moriremos, porque esto es todo lo que nos queda.

—Confía en Dios —dijo Elías—. Cocina el pan y compártelo conmigo. Dios te bendecirá para que tu harina y tu aceite no se acaben hasta que Dios vuelva a enviar lluvia sobre la tierra.

La mujer escuchó a Elías y confió en Dios. Cocinó el pan, y ella y su hijo comieron la sencilla comida con Elías. Cuando volvió a mirar la jarra, había harina suficiente para hacer pan para otra comida. De nuevo la mujer usó la harina y el aceite para poder compartir su última comida juntos, y nuevamente había quedado suficiente para hacer otra. Dios se aseguró de que Elías, la mujer y su hijo siempre tuvieran suficiente para comer durante la sequía.

Tiempo después, el hijo de la mujer se enfermó y murió.

«¿Qué he hecho yo para merecer esto, conservar mi vida para perder a mi único hijo?».

La mujer estaba enojada en su dolor. Elías también estaba muy triste por la muerte del hijo. Llevó al

chico a su habitación y le puso con cuidado en la cama. Después, Elías oró.

«Señor Dios —clamó—, ¿por qué has dejado que muera este pobre chico? ¿Por qué has ocasionado tanta tristeza a su madre que compartió su hogar y su comida conmigo? Por favor, Señor, salva a este chico, devuélvele la vida y deja que vuelva con su madre».

Dios oyó la oración de Elías. El chico volvió a respirar.

—¡Mira! Aquí está tu hijo, ¡está vivo! —dijo Elías.

La mujer sonrió a Elías en medio de sus lágrimas.

—Ahora sé que lo que dices proviene del Dios viviente —dijo ella.

DESAFÍO EN EL MONTE

«¿Hasta cuándo seguirán indecisos, titubeando entre dos opiniones? Si el SEÑOR es Dios,
¡síganlo! Pero si Baal es el verdadero Dios, ¡entonces síganlo a él!».

1 REYES 18:21

Pasaron casi tres años, y Dios no había enviado aún la lluvia. Después, un día Dios envió a Elías de nuevo al rey Acab.

—¡Tú eres el culpable! —le gritó Acab.

—No, tú eres quien ha provocado los problemas sobre esta tierra —dijo Elías—. ¡Tú fuiste el que dejó de adorar a Dios! Ahora, zanjemos de una vez este asunto. Convoca a todos en el monte Carmelo, incluyendo a todos esos falsos profetas.

Así que el rey Acab y todo el pueblo se reunieron con los 450 profetas de Baal en el monte Carmelo, y Elías les habló.

«Elijan hoy a quién servir. Si creen que el Dios viviente es el Dios verdadero, entonces síganle. Si Baal es Dios, entonces sírvanle y síganle. Decídanse y hagan lo correcto.

»Yo adoro al Dios verdadero —dijo Elías—. Hay aquí 450 profetas que adoran a Baal. Ambos prepararemos un sacrificio. Ustedes le pedirán a Baal que envíe fuego para consumirlo, y yo le pediré al Dios verdadero que haga lo mismo. Entonces veremos quién es realmente el Dios verdadero».

Los profetas prepararon su animal para el sacrificio, y oraron durante todo el día a Baal para que enviara fuego. Pero no ocurrió nada.

«¡Tal vez esté dormido su dios! —se burlaba Elías—. ¿Quizá salió de viaje y no puede responderles?».

Los profetas oraban y gritaban, pero seguía sin llegar la respuesta. No había fuego en el altar que habían preparado.

Entonces Elías hizo un altar usando doce grandes piedras, para recordarle a la gente que eran el pueblo de Dios, las doce tribus de Israel. Cavó una zanja alrededor del altar, preparó su sacrificio y finalmente derramó agua sobre la madera y el sacrificio para que se llenara también la zanja. El sacrificio de Elías estaba totalmente empapado; no sería fácil hacer que ardiese.

Elías se quedó de pie delante de todos y oró.

«Señor, que todo el mundo vea ahora que tú eres el Dios viviente que puede mandar fuego sobre este altar. ¡Que crean en ti y te adoren!».

Dios respondió a Elías y envió fuego del cielo. El fuego consumió el animal, las piedras y el agua que llenaba la zanja. La gente se asombró y creyó. Cayeron de rodillas y clamaron: «¡El Señor es Dios! El Señor, ¡Él es Dios!».

Después Elías vio las nubes negras formándose en el cielo, y Dios volvió a enviar la lluvia una vez más sobre la tierra.

LA SANIDAD DE NAAMÁN

Ahora sé que no hay Dios en todo el mundo, excepto en Israel.

2 REYES 5:15

Elías fue un profeta de Dios hasta que fue anciano. Después Dios se lo llevó al cielo en un torbellino, en un carro de fuego. Su amigo Eliseo sirvió a Dios después de él, y Dios le dio a Eliseo la fe y el poder que había tenido Elías.

Un día, un valiente soldado de Samaria llegó hasta Eliseo pidiéndole ayuda. Naamán era comandante del ejército, y tenía en su casa una joven criada que había sido tomada prisionera en una de las redadas en los pueblos cercanos a Israel.

La muchacha amaba a sus amos y amaba a Dios. Cuando vio que la piel de Naamán estaba cubierta de manchas blancas de lepra, animó a su ama a que le enviara a Samaria, donde vivía Eliseo.

Sabía que Dios tenía el poder para sanar a Naamán y que Eliseo le ayudaría en dicho propósito.

Naamán fue primero a ver al rey de Aram para que le diera una carta para el rey de Israel. También llevó consigo regalos de oro y plata; pero el rey Joram de Israel tuvo miedo al recibir la carta. ¿Cómo podía él sanar la lepra de Naamán? Él no pensó en Eliseo, ni que Dios mismo pudiera ayudarle. Pero Eliseo se enteró del asunto de la carta.

«Envíenme a ese hombre —dijo Elías—. Entonces sabrá que hay un profeta que ama a Dios en Israel».

Sucedió entonces que

los caballos y los carros de Naamán estaban fuera del lugar donde vivía Eliseo, pero él no salió a recibirle. En su lugar, envió a su siervo con un mensaje.

—Eliseo, el profeta, dice que vaya a lavarse al río Jordán siete veces. Entonces quedará sano.

Naamán no solo se sorprendió, sino que también se enojó. ¿No estaría el profeta burlándose de él?

—¡Tenemos ríos mejores en Damasco en los que me puedo lavar! —dijo—. ¿He venido hasta aquí solo para que me digan esto?

—Pero señor —dijo uno de sus siervos—, si el profeta le hubiera dicho que hiciera algo difícil, seguramente lo habría hecho. No sea tan orgulloso como para no hacer algo tan sencillo.

Naamán suspiró, pero descendió al río Jordán y se lavó. Cuando salió del río la séptima vez, su piel estaba limpia y nueva, y las marcas de la lepra habían desaparecido.

—Ahora sé que no hay Dios en todo el mundo, excepto en Israel —dijo él.

JONÁS HUYE

Entre tanto, el SEÑOR había provisto que un gran pez se tragara a Jonás; y Jonás estuvo dentro del pez durante tres días y tres noches.

JONÁS 1:17

Los asirios eran crueles y codiciosos, y amenazaban al pueblo de Dios. Dios le dijo a Jonás que fuera a Nínive, una gran ciudad de Asiria, y les amonestara para que dejaran de hacer cosas malas, o serían destruidos.

Jonás no quería ir. ¿Qué tenía que ver el Dios de Israel con los asirios? Así que se fue al puerto de Jope y pagó su pasaje para ir a Tarsis, lo más lejos que podía ir en la dirección contraria. Jonás subió al barco y bajó a la bodega donde se quedó profundamente dormido.

Una vez que el barco estaba en alta mar, se desató una fuerte tormenta. Produjo unas olas tan peligrosas que los marineros a bordo estaban seguros de que se ahogarían. Todos oraron a sus dioses para que les salvaran, y arrojaron su cargamento por la borda para aligerar el barco. Cuando el capitán supo que no estaba Jonás, bajó a buscarlo.

—¡Despierta! —gritó en medio de la tormenta—. ¡Levántate y ora a tu Dios!

Jonás sabía que la tormenta era por culpa suya.

—Yo adoro al Dios que hizo la tierra y el mar —respondió Jonás—. Pero le he desobedecido. Si quieren salvarse, deben arrojarme al mar.

Los marineros no querían matar a Jonás, pero tampoco querían morir. Arrojaron a Jonás al mar, y entonces el viento dejó de soplar y las olas se calmaron. Los marineros vieron el poder del Dios viviente.

Jonás se hundió en el mar. Clamó a Dios para que le ayudara, y Dios le respondió enviándole un gran pez que se lo tragó entero. Jonás estuvo dentro del pez durante tres días y tres noches. Se acordó de que había prometido obedecer a Dios, y lamentó mucho haber huido. Solo su Dios tenía el poder de salvar, y Jonás prometió servirle de nuevo.

Entonces Dios hizo que el gran pez vomitara a Jonás en tierra seca. Esta vez cuando Dios dijo: «Ve a Nínive», Jonás fue. Jonás amonestó a la gente para que le pidieran perdón a Dios y cambiaran su modo de vida, o de lo contrario su tierra sería destruida en cuarenta días.

Los asirios oyeron lo que dijo Jonás y obedecieron. Le pidieron a Dios que les perdonara y comenzaron a cambiar su manera violenta de vivir. Dios oyó sus oraciones, y como Dios era misericordioso, les perdonó.

EL HORNO DE FUEGO

Si nos arrojan al horno ardiente, el Dios a quien servimos es capaz de salvarnos.
Él nos rescatará de su poder, su Majestad.

DANIEL 3:17

Dios envió profetas para decirle a su pueblo cómo vivir. Les advertía que escucharan atentamente, pero ellos ignoraron sus advertencias. Enemigos les capturaron, y muchos murieron. Otros fueron llevados a Babilonia en cautiverio.

El rey Nabucodonosor vio que había algunos jóvenes con talento entre los cautivos, y decidió entrenarles para trabajar en su palacio. Daniel, Sadrac, Mesac y Abed-nego estaban entre ellos.

Los cuatro amigos intentaban seguir los mandamientos de Dios incluso estando en tierra extranjera. Dios les bendecía, así que cuando les presentaron ante el rey Nabucodonosor, él quedó sorprendido de su sabiduría y entendimiento.

Una noche, el rey tuvo un sueño un tanto extraño. Se quedó tan preocupado que pidió a sus adivinos no solo que le explicaran lo que significaba el sueño, ¡sino que le dijeran qué era lo que había soñado! Si no podían, serían ejecutados.

Daniel animó a sus amigos a orar, y durante la noche, Dios le dio a Daniel una visión de lo que había soñado el rey. El rey Nabucodonosor quedó asombrado, por lo que nombró a Daniel gobernador de toda Babilonia. Después Daniel les dio cargos importantes a sus tres amigos.

Tiempo después, el rey Nabucodonosor hizo una estatua de oro tan alta y ancha que se veía a kilómetros de distancia. Ordenó que todos adoraran la estatua, o de lo contrario serían arrojados al horno de fuego. Todos se postraron y adoraron la estatua, excepto los amigos de Daniel: Sadrac, Mesac y Abed-nego.

—¡Adoren la estatua, o serán arrojados al horno, ¡y ningún dios podrá salvarles! —les dijo el rey.

—Rey Nabucodonosor —respondieron los amigos—, nuestro Dios puede salvarnos del horno de fuego, pero aunque no lo haga, no adoraremos su estatua. Nosotros solo adoramos a Dios.

El rey observaba mientras los tres hombres eran atados y arrojados al horno. Entonces se quedó mirando fijamente, asombrado de lo que estaba viendo. ¡Cuatro hombres caminaban en medio del fuego!

—¡Sáquenlos! —gritó el rey.

Sadrac, Mesac y Abed-nego salieron del horno ilesos, ¡ni siquiera olían a humo!

—Su Dios envió un ángel para rescatarles, porque estuvieron dispuestos a morir por él. Solo su Dios tiene poder para salvar. ¡Alabado sea Dios!

EL COMPLOT CONTRA DANIEL

Él rescata y salva a su pueblo, realiza señales milagrosas y maravillas en los cielos y en la tierra.
Él ha rescatado a Daniel del poder de los leones.

DANIEL 6:27

Daniel estuvo cautivo en Babilonia por muchos años. Cuando Darío el medo se convirtió en rey, se dio cuenta de que Daniel era un hombre leal y trabajador. Pensó en ponerle a cargo de todo el reino.

Pero Daniel tenía enemigos, celosos de su poder.

—Su majestad —dijeron—. Usted es tan grande que pensamos que todos deberían honrarle. Emita un decreto para que todos le oren solo a usted durante treinta días. Y si alguien quebranta este decreto, que sea arrojado a los leones.

Darío pensó por un instante. Se sintió halagado, y quizá era una buena idea. Así que Darío hizo la ley.

Cuando Daniel oyó que el decreto había sido emitido, fue al lugar donde oraba tres veces al día. Se postró y le pidió ayuda a Dios.

Los enemigos de Daniel le estaban observando y esperando. Acudieron derechos al rey.

—¡Su majestad! —dijeron—. Usted dijo que cualquier persona que rompiera su ley sería arrojado a los leones.

—Saben que sí —respondió Darío.

—Y este decreto no se puede cambiar —insistieron.

—Así es la ley de los medos y persas —asintió—. No se puede cambiar.

—Entonces nos apena decirle que Daniel no cumple este decreto. Ora tres veces al día a su Dios.

Inmediatamente Darío se dio cuenta de que los hombres le habían engañado. Ahora no podría rescatar a su amigo Daniel de la ley que él mismo había firmado. Con gran tristeza, Darío ordenó que Daniel fuera arrojado a los leones.

A la mañana siguiente, Darío regresó al foso de los leones.

—¡Daniel! —gritó—. ¿Te ha salvado tu Dios de la boca de los leones?

—¡Sí, su majestad! —gritó Daniel desde el foso—. Mi Dios envió a un ángel para cerrar la boca de los leones. ¡Él me ha salvado!

—¡Saquen a Daniel del foso! —gritó Darío—. Y castiguen a los malvados que planearon su muerte.

Darío emitió otro decreto.

«Todas las personas de mi reino deben temer y respetar al Dios de Daniel, porque es el Dios viviente, el Dios que hace señales y maravillas y tiene el poder para salvar, ¡incluso de la boca de los leones!».

EL ÁNGEL EN EL TEMPLO

Tu esposa, Elisabet, te dará un hijo, y lo llamarás Juan.

LUCAS 1:13

Habían pasado muchos años, y los israelitas ya habían regresado a la tierra que Dios les había dado a sus antepasados. Herodes era ahora el rey, pero los romanos gobernaban la zona tras haberla hecho parte de su imperio. Los soldados romanos caminaban por las calles y se pagaban impuestos al emperador en Roma.

El sacerdote Zacarías y su esposa Elisabet vivían en la zona montañosa de Judea. Ambos habían servido y amado a Dios durante toda su vida, pero no tenían hijos, y era muy grande su tristeza.

Llegó el momento de que Zacarías quemara el incienso en el templo. La gente oraba fuera a la luz del sol, mientras que en el interior, donde hacía fresco y reinaba la tranquilidad, Zacarías estaba solo. Aunque no estaba solo del todo, porque allí, a la derecha del altar, había un ángel.

—¡Zacarías! —la voz del ángel sonaba fuerte en la tranquilidad del templo—. No tengas miedo. Dios ha oído tus oraciones. Él te bendecirá con un hijo y le llamarás Juan. El Espíritu de Dios le guiará y ayudará. Será un profeta, el cual preparará a la gente para el futuro.

—Pero, ¿puede ser esto cierto? —preguntó Zacarías—. Ya es demasiado tarde para que Elisabet tenga un hijo propio.

—Soy el ángel Gabriel. Lo que te digo viene de Dios, pero como no lo crees, no podrás hablar hasta que se cumpla todo lo que te he dicho.

El ángel desapareció de delante de Zacarías con la misma rapidez que había aparecido.

Cuando Zacarías salió donde estaba la gente, supieron que algo extraño y maravilloso había ocurrido, pero Zacarías no podía decirles lo que era. No podía explicarles lo sucedido con el ángel ni su mensaje, ya que no podía hablar.

Pasó el tiempo, y Elisabet dio a luz a un bebé. A los ocho días de su nacimiento, cuando fue circuncidado según las reglas que Dios había dado a su pueblo, intentaron llamarle Zacarías como su padre, pero Elisabet les detuvo, y les dijo que debían llamarle Juan. Cuando le preguntaron a Zacarías, pidió algo donde escribir para poder decírselo.

«Se llamará Juan» —escribió.

¡Entonces Zacarías recuperó el habla! Alabó a Dios por haberles bendecido con un bebé. Así se cumplió todo lo que había prometido el ángel.

Un Salvador nace en Belén

María dio a luz a su primer hijo, un varón. Lo envolvió en tiras de tela y lo acostó en un pesebre,
porque no había alojamiento disponible para ellos.

LUCAS 2:7

El ángel Gabriel visitó también a una joven llamada María, que vivía en Nazaret de Galilea. María estaba comprometida con José, el carpintero local.

—No temas, María —dijo Gabriel—. ¡Dios está contigo! Darás a luz un hijo y le llamarás por nombre Jesús. ¡Será un rey que reinará por siempre!

—Pero aún no estoy casada —dijo María—. ¿Cómo puedo tener un bebé?

—El Espíritu Santo hará que suceda —dijo Gabriel—. Tu bebé será el Hijo de Dios.

—Haré todo lo que Dios quiera —dijo María.

Cuando María supo que estaba embarazada, José se preocupó por lo que la gente pudiera pensar. Aún no estaba casada, pero una noche José soñó que un ángel se le aparecía.

«Cásate con María y ayúdale a cuidar del bebé —le dijo el ángel—. El Espíritu Santo ha hecho que el niño crezca dentro de ella. Le llamarán Jesús, porque será el Salvador del mundo».

Así que José se casó con María.

El emperador romano, César Augusto, quería cobrar impuestos a la gente, y ordenó que todos fueran a su ciudad de origen para ser contados. José tuvo que llevar a María con él a Belén, porque él pertenecía a la familia del rey David. Pero el tiempo de que María diera a luz al bebé había llegado.

Belén estaba repleta de gente que había llegado para el censo. Era muy difícil encontrar un lugar donde quedarse. Cuando María dio a luz a su bebé, lo envolvió en pañales y lo acostó en un pesebre, porque no había habitación en la posada.

Esa misma noche, los pastores de las colinas en las afueras de Belén cuidaban sus ovejas, cuando de repente el cielo oscuro se llenó de luz por la aparición de un ángel.

«¡No teman! —dijo el ángel—. ¡Traigo buenas noticias! Esta noche, en Belén, ha nacido un bebé que es el Salvador del mundo. Lo encontrarán envuelto en pañales, acostado en un pesebre».

Después oyeron el sonido de cientos de ángeles alabando a Dios.

«¡Gloria a Dios en las alturas! Y paz para todos en la tierra».

Los pastores descendieron a toda prisa de las colinas para buscar al bebé que había nacido esa noche. Lo encontraron, acostado en el pesebre, como habían dicho los ángeles, y le contaron a María y a José lo que habían visto y oído.

HOMBRES SABIOS DE ORIENTE

¿Dónde está el rey de los judíos que acaba de nacer?
Vimos su estrella mientras salía y hemos venido a adorarlo.

MATEO 2:2

Cuando nació Jesús, unos hombres sabios del Oriente vieron una nueva estrella en el cielo.

Decidieron emprender un viaje, llevando con ellos regalos y siguiendo la estrella. Creían que un niño rey debía de haber nacido y querían adorarle.

Los hombres se detuvieron en el palacio del rey Herodes cuando llegaron a Jerusalén.

—¿Dónde está el rey de los judíos que acaba de nacer? —le preguntaron—. Hemos venido para darle regalos y adorarle.

Herodes se molestó secretamente por su llegada. Solo había sitio para un rey en la tierra, ¡y él era ese rey!

Herodes indagó de los sacerdotes y maestros de la ley para saber dónde debía nacer ese niño. Le dijeron a Herodes lo que sabían en base a antiguas profecías: el rey nacería en Belén.

Herodes habló después con los hombres de Oriente. Quería saber cuándo habían visto la estrella por primera vez, para saber la edad que tendría ese rey. Después les envió de camino a Belén.

—¿Me lo harán saber cuando le encuentren? —dijo el rey Herodes—. Así yo también podré ir a adorarle...

Los sabios viajaron hacia Belén, donde parecía haberse detenido la estrella sobre una casa. Cuando entraron, encontraron al niño con

su madre, María. Le ofrecieron los regalos que habían llevado: oro, incienso y mirra, y adoraron a Jesús, el rey de los judíos, antes de regresar a casa.

Por la noche se les advirtió en sueños que no era seguro regresar al rey Herodes, así que regresaron por otro camino.

Un ángel advirtió también a José que se llevara a María y al niño a Egipto, ya que allí estarían a salvo del rey Herodes.

Mientras tanto, Herodes esperaba. Cuando se dio cuenta de que los sabios no regresaban, se enojó mucho. Herodes era un rey cruel, y dio órdenes de que mataran a todos los niños menores de dos años de la zona para asegurarse de que Jesús muriera entre ellos.

Pero Jesús estaba a salvo en Egipto.

José le mantuvo allí hasta la muerte de Herodes. Cuando fue seguro regresar, un ángel le dijo a José que podían regresar a su casa en Nazaret de Galilea.

JUAN EL BAUTISTA

*Es una voz que clama en el desierto: ¡Preparen el camino para la
venida del SEÑOR! ¡Ábranle camino!*

MATEO 3:3

Juan, el hijo de Zacarías, creció y se hizo hombre y vivía solo en el desierto.

Dios tenía un trabajo especial para él, como profeta, diciéndole a la gente cómo quería Él que vivieran. Juan parecía alguien salvaje, vestía ropa de piel de camello y comía cosas extrañas. Pero la gente lo escuchaba. Veían que Dios hablaba a través de él.

«Dejen de hacer cosas malas y obedezcan a Dios —les decía Juan—. Bautícense para demostrar que se arrepienten de sus pecados y que Dios les ha perdonado».

Muchas personas acudían al río Jordán y Juan les bautizaba.

«Demuestren que aman a Dios por su manera de vivir —les decía Juan—. Regalen lo que no necesiten a alguien que sí lo necesite. Compartan su comida con aquellos que no tienen nada. Vivan de forma honesta y justa, sin engañar a otros y sin tratarles mal. Yo no soy el que esperan, tan solo estoy preparando el camino para alguien mucho mayor que yo. Yo les bautizo en agua, pero él les bautizará con el Espíritu de Dios».

Un día, Jesús estaba de pie a orillas del río Jordán y escuchaba lo que Juan les decía a las gentes. Él también había crecido y había estado trabajando como carpintero durante muchos años. Se acercó a Juan y le pidió que le bautizara.

—¡Yo no puede bautizarte! ¡Eres tú quien debería bautizarme a mí —dijo Juan.

Pero Jesús le persuadió y, al salir

del agua, el Espíritu de Dios descendió desde el cielo como una paloma, y descansó sobre Jesús. Todos oyeron la voz de Dios.

«Tú eres mi Hijo. Te amo mucho. Estoy muy contento contigo».

Después de estas cosas, Jesús pasó cuarenta días en el desierto. No tenía nada para comer y estaba muy débil y hambriento. El enemigo de Dios, el diablo, llegó para probarle, para ver si podía hacerle romper las leyes de Dios, pero el diablo fue derrotado. Intentó tentar a Jesús, pero Jesús no hizo nada mal.

JESÚS COMIENZA SU MINISTERIO

Jesús los llamó: «Vengan, síganme, ¡y yo les enseñaré cómo pescar personas!».

MATEO 4:19

Jesús comenzó su ministerio en Galilea. Cuando vio a Simón y Andrés, Santiago y Juan, echando sus redes en el agua del mar de Galilea, les llamó.

«¡Vengan, síganme!» —les dijo Jesús.

Ellos dejaron su barca y se fueron con Jesús en seguida. Los cuatro pescadores fueron los primeros de los doce discípulos de Jesús. Él fue a sus casas en Capernaúm y les enseñaba en la sinagoga, sanando a los enfermos.

Un día, Jesús y algunos de sus discípulos fueron a una boda en Caná. Cuando se acabó el vino, María le pidió a Jesús que les ayudara.

«Hagan todo lo que les diga» —les susurró a los siervos.

«Llenen estas seis tinajas de agua» —dijo Jesús. Las tinajas se usaban para lavar, y eran enormes, pues en cada una cabían muchos litros de agua.

Después, Jesús les pidió que sacaran algo de ellas y se lo llevaran al encargado de la fiesta. El hombre lo probó. Los siervos sabían que era agua, pero ocurrió un milagro. Se había convertido en el vino más maravilloso.

La gente comenzó a hablar de cómo Jesús podía sanar a la gente y hablaba del amor de Dios de una forma que nadie lo había hecho antes. Pero la verdadera prueba le esperaba en Nazaret, el lugar donde Jesús había crecido, donde la gente le conocía.

Jesús fue a la sinagoga el día de reposo, y leyó el rollo que tenía las palabras del profeta Isaías.

«El Espíritu de Dios está sobre mí —leyó Jesús—. Me ha escogido para llevar las buenas nuevas a los pobres, para liberar a los cautivos, para dar la vista a los ciegos, para ayudar a los que sufren y para decirles a todos que ha llegado la bendición de Dios».

Jesús enrolló el rollo y se sentó. «Isaías escribió esas palabras hace cientos de años, pero hoy, aquí entre ustedes, se están cumpliendo».

OCURREN COSAS SORPRENDENTES

Al ver la fe de ellos, Jesús le dijo al hombre: Joven, tus pecados son perdonados.

LUCAS 5:20

Los habitantes de Capernaúm seguían a Jesús dondequiera que iba. Las multitudes se agolpaban para oírle hablar de Dios, hambrientos de la verdad.

Cuatro hombres, que llevaban a su amigo que no podía caminar, tenían mucho interés en encontrar a Jesús; pero cuando llegaron a la casa donde Jesús estaba enseñando, estaba repleta de gente que rodeaba a Jesús, quedando aún gente fuera de la casa porque no podían entrar. Los hombres no podían acercarse a Jesús.

Al ver los peldaños del exterior de la casa que llegaban hasta el tejado, los hombres subieron, llevando con ellos a su amigo en una camilla. Hicieron un agujero en el techo, dejando caer algo de tierra y piedrecitas sobre la gente que había en el interior. Cuando ya había un agujero suficientemente grande como para que entrara un hombre, descendieron a su amigo delante de Jesús, ¡mientras los rostros atónitos de la gente les contemplaban!

Jesús vio la fe de los cuatro hombres. Luego miró al que estaba paralítico.

«Vete —dijo él—, tus pecados te son perdonados».

Los líderes religiosos que estaban cerca de Jesús se sorprendieron. Sabían que solo Dios podía perdonar pecados, pero Jesús sabía lo que estaban pensando.

«¿Qué es más fácil? —preguntó Jesús—, ¿perdonar pecados o hacer que un hombre paralítico camine? Para Dios, nada es imposible». Luego se dirigió de nuevo al hombre

en el camastro .
«Levántate, toma
tu lecho, y vete a
casa».

El hombre se levantó
y recogió su lecho. Sus
amigos se alegraron mucho,
¡y todos estaban asombrados!
Sabían que habían sido testigos
de un milagro y alabaron a Dios.

Después de eso, Jesús le pidió
a Mateo que se uniera a él. Mateo
recaudaba dinero para los romanos
pero, como los pescadores, cuando
Jesús desafió a Mateo a seguirle,
él dejó lo que estaba haciendo de
inmediato y se fue con Él.

Mateo invitó a Jesús a su casa a
comer con varios de sus amigos, pero
eso sorprendió a los líderes religiosos.

«¿Por qué se junta Jesús con gente
tan terrible?» —les preguntaron a los
discípulos.

Jesús respondió por sí mismo.
«Los sanos no necesitan a un médico

—les dijo—. Estoy aquí porque estas
personas me necesitan».

Por eso Jesús tenía tanto
enemigos como amigos y seguidores.

EL SERMÓN DEL MONTE

Pero tú debes ser perfecto, así como tu Padre en el cielo es perfecto.

MATEO 5:48

Un día, Jesús subió a un monte con vistas al mar de Galilea. Se sentó y comenzó a hablar a la gente que le había seguido hasta allí.

«Dios bendice a los pobres en espíritu que reconocen lo mucho que necesitan la ayuda y el perdón de Dios.

»Vivan según los mandamientos de Dios, y serán como un poco de sal en una olla de cocinar, haciendo que toda la comida tenga buen sabor. Serán como una lámpara que brilla en un lugar oscuro, dando luz para que todos puedan ver.

»No intenten devolver la ofensa si alguien les hirió, más bien sean amables con los demás. Traten de ayudar a todos. Amen tanto a sus amigos y familiares como a sus enemigos. Dios es perfecto, y debemos intentar ser como Él.

»No oren usando palabras huecas y sin sentido para que otras personas lo vean, sino sean honestos con Dios. Dios sabe lo que van a decirle antes de que comiencen a hablar. Hablen con Dios con sencillez y en voz baja, diciendo algo así:

»Padre nuestro que estás en el cielo, santificado sea tu nombre. Venga tu reino a la tierra para que la justicia y la bondad se establezcan aquí de la misma forma que se hace en el cielo. Danos la comida que

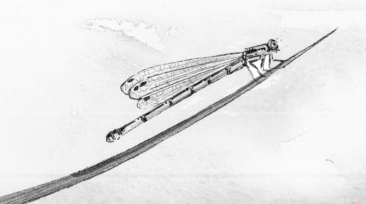

necesitamos hoy, y perdónanos por todo el dolor que te hemos causado, así como nosotros perdonamos a los que nos han causado dolor. No nos pruebes más allá de lo que podamos soportar, y guárdanos del mal.

»No se preocupen por lo que comerán o beberán, o por la ropa que llevarán. Miren las aves del campo. Ellas saben que Dios las alimenta. Dios se ocupa de ellas, pero con mucha más razón se ocupará también de ustedes. No vivirán más años por mucho que se preocupen por las cosas. Y por la ropa, ¿para qué afanarse?, miren las flores tan hermosas que crecen en el campo. No trabajan, ni se visten, pero Dios las ha hecho hermosas.

»Pongan a Dios en primer lugar, y Él se asegurará de que tengan todo lo que necesitan, y mucho más.

»Escúchenme, y serán como un hombre sabio que construyó su casa sobre la roca. Tendrán unos cimientos firmes para que cuando la lluvia golpee la casa, y el viento sople, su casa se mantenga firme y estable.

»Si ignoran lo que les he dicho serán como un hombre necio que edifica su casa sobre la arena. No tendrán fundamento cuando el viento sople y su casa se caerá. Sean como el hombre sabio; escuchen y actúen según lo que han oído».

FE EN JESÚS

«Señor —dijo el oficial—, no soy digno de que entres en mi casa.
Tan sólo pronuncia la palabra desde donde estás y mi siervo se sanará».

MATEO 8:8

Cuando Jesús regresó a Capernaúm, un centurión romano se acercó a Él, agitado y con una clara necesidad de ayuda.

—Mi siervo está muy enfermo. Tiene mucho dolor y no se puede mover. ¿Podría ayudarle?

—Permíteme ir a tu casa —dijo Jesús—. Y le sanaré.

Pero el centurión detuvo a Jesús.

—Señor, no merezco tenerle en mi casa, pero sé que si tan solo dice que se sane mi siervo, quedará sano. Yo estoy acostumbrado a ejercer autoridad sobre otros, y espero que la gente sometida a mí obedezca mis órdenes. Sé que tiene la misma autoridad sobre su enfermedad.

Jesús se quedó asombrado.

—En ningún lugar he hallado una fe como la tuya —dijo—. Ve ahora a casa, y verás que tu siervo está mejor.

El centurión fue a su casa y comprobó que su siervo se había recuperado, como Jesús había dicho.

Poco después, Jesús y sus discípulos visitaron la aldea de Naín. Una gran multitud le seguía aunque estaba a muchos kilómetros de distancia. Al acercarse, vieron un cortejo fúnebre que se dirigía a un pequeño cementerio a las afueras de las puertas de la ciudad.

Jesús vio el cuerpo de un joven en una camilla y a su madre llorando que le seguía detrás. Era una viuda, y ahora que había muerto su único hijo, se había quedado sola.

Jesús vio la tristeza de la viuda. Se acercó, y tocó la camilla.

«Levántate, joven» —le dijo Jesús al cuerpo allí tumbado.

El joven abrió sus ojos de inmediato y se incorporó. Le habló a su sorprendida madre que apenas podía creer el milagro que se estaba produciendo. Luego hubo mucho gozo y asombro entre todos los que allí se encontraban.

La gente no podía dejar de hablar de lo que había ocurrido. La noticia acerca de Jesús, el profeta que podía resucitar a los muertos, se extendió por todo el país.

JESÚS HACE MÁS MILAGROS

Los discípulos quedaron asombrados y preguntaron: ¿Quién es este hombre?
¡Hasta el viento y las olas lo obedecen!

MATEO 8:27

Jesús estaba cansado después de enseñar a las multitudes una tarde.

«Crucemos al otro lado del lago» —les dijo a sus doce discípulos. Después Jesús se tumbó en la barca, con una almohada debajo de su cabeza y se quedó dormido.

De repente, el tranquilo lago comenzó a agitarse. El agua empezó a golpear contra la barca a medida que el viento aumentaba. Los hombres se agarraron al mástil, e incluso los pescadores que había entre ellos tenían miedo.

—¡Señor, ayúdanos! —gritaron—. ¡Vamos a morir!

Jesús se despertó y se puso en pie.

—¡Silencio! ¡Cálmense!—les dijo al viento y a las olas. El viento se detuvo con la misma rapidez que se inició y el mar se tranquilizó.

—¿Por qué tenían miedo? —les preguntó Jesús a los asustados hombres—. ¿No tienen fe en mí?

«¿Quién es este? —se preguntaban entre sí—. ¡Hasta el viento y las olas le obedecen!».

Las multitudes acudieron a ver a Jesús cuando llegaron a Capernaúm. Jairo, el líder de la sinagoga, se apresuró para hablar con Jesús.

—Por favor, ayúdanos —gritaba—. ¡Mi hijita se está muriendo!

De inmediato, Jesús se dirigió

a la casa de Jairo, pero mientras caminaban entre las multitudes, Jesús se detuvo. Se giró para ver quién había detrás de él.

—¿Quién me ha tocado? —preguntó.

—Señor —dijo Pedro—, hay mucha gente aquí. Cualquiera podría haberte tocado.

Entonces una mujer dio un paso al frente.

—Yo toqué su manto —dijo ella—. Llevo enferma muchos años, y ningún médico ha podido ayudarme. Sabía que si tan solo tocase el borde de su manto, sería suficiente.

—No temas —le dijo Jesús—. Tu fe te ha sanado.

Alguien de la casa de Jairo llegó interrumpiéndoles.

—Ya es demasiado tarde —le dijo a Jairo—. Tu hija ha muerto.

—Ven conmigo —dijo Jesús—. Tu hija se pondrá bien.

Cuando llegaron a la casa de Jairo, Jesús mandó salir a los que estaban allí llorando. Entró con el padre y la madre de la niña, y con Pedro, Santiago y Juan.

—Niña, levántate —dijo Jesús.

Los ojos de la niña se abrieron, y comenzó a respirar de nuevo.

—Tiene hambre —dijo Jesús sonriendo—. Denle algo de comer.

Jairo y su esposa estaban atónitos. Su hija había estado muerta, pero ahora estaba viva.

JESÚS SE PREOCUPA POR LA GENTE

Cuando vio a las multitudes, les tuvo compasión.

MATEO 9:36

Un día, Jesús estaba enseñando a la gente y sanando a quienes estaban enfermos hasta que casi se hizo de noche. Vio que estaban hambrientos y le preguntó a Felipe, que vivía cerca, si había algún lugar donde poder comprar algo de pan para todos.

«Maestro, hay más de 5.000 personas! No podríamos comprar pan para todos».

Andrés trajo a Jesús a un niño que tenía una pequeña merienda.

«Este niño dice que puede compartir sus cinco panes y sus dos peces» —dijo Andrés.

Jesús tomó la comida. Dio gracias a Dios y le pidió que lo bendijera. Después lo partió en pedazos y se lo dio a sus discípulos, que compartieron el pan y los peces entre la gente. Todos comieron hasta que tuvieron suficiente. Después, los discípulos pasaron entre la gente y recogieron doce cestas llenas con las sobras. Fue un milagro.

En otra ocasión, un grupo de personas le trajo a Jesús a un hombre sordo que necesitaba su ayuda. Jesús puso sus dedos en los oídos del hombre, luego puso un poco de su propia saliva en la lengua del hombre, y después oró por el hombre, pidiendo la ayuda de Dios.

¡De repente, el hombre sordo pudo oír y hablar! Sus amigos estaban tan emocionados que no pudieron dejar de contarle a todos lo que había ocurrido.

En otro lugar, Jesús vio a un grupo de diez hombres que tenían lepra, vestidos con harapos que cubrían sus rostros y miembros dañados. La enfermedad de su piel les había convertido en marginados sociales.

—¡Jesús! ¡Por favor, ayúdenos! —le gritaban.

—Vayan al sacerdote a mostrarle su piel —les dijo Jesús—. Han sido sanados.

¡De repente, vieron que la lepra se había ido! Su piel estaba recuperada. Uno de los hombres, que provenía de Samaria, volvió hacia Jesús para darle las gracias y alabar a Dios. Jesús miró a lo lejos a los demás que se alejaban.

—Pensé que eran diez los que han sido sanados —dijo Jesús con tristeza—. ¿Eres tú el único que ha querido darle gracias a Dios?

Jesús sanó también a otras muchas personas el día de reposo: un hombre con una mano seca, un hombre que no podía caminar, una mujer que estaba encorvada y no podía ponerse derecha; pero esto hizo que los líderes religiosos se enojasen, y tramaron atentar contra él.

HISTORIAS QUE JESÚS CONTÓ

Pues todo el que hace la voluntad de mi Padre que está en el cielo es mi hermano
y mi hermana y mi madre.

MATEO 12:50

Jesús enseñaba a sus discípulos acerca de Dios. Enseñaba a multitudes enteras de gente que le seguían, a menudo contándoles historias. Jesús también respondía a las preguntas de cualquiera que realmente quisiera saber la verdad acerca de Dios.

—Maestro —le preguntó alguien en cierta ocasión—. ¿Qué debo hacer para tener vida eterna?

—Qué dice la ley de Dios? —le preguntó Jesús.

—Ama a Dios con todo tu corazón, con toda tu alma, con toda tu mente y con todas tus fuerzas. Ama a tu prójimo como a ti mismo —respondió el hombre—. ¿Pero quién es mi prójimo?

En respuesta, Jesús contó una historia sobre un hombre que fue atacado y robado en el camino de Jerusalén a Jericó. Un sacerdote que pasaba por allí no se detuvo a ayudar al hombre herido. Un levita también pasó por allí sin detenerse, pero un samaritano se detuvo y curó sus heridas, le ayudó a subir a su propio burro y le llevó a una posada. Le pagó al posadero para que cuidara del hombre hasta que se recuperase.

—¿Quién creen que fue el prójimo del hombre herido?

—El que le ayudó —dijo el hombre.

—Eso es lo que ustedes deben hacer —dijo Jesús.

Jesús también le habló a la gente sobre el amor de Dios.

«Si alguien tiene 100 ovejas, y se pierde una de ellas —dijo Jesús—, dejaría a salvo a las otras e iría a buscar a la perdida. No descansaría hasta encontrar a la oveja perdida. Dios es igual. Él cuida de todos, y no descansará hasta que haya salvado a aquel que se haya descarriado del camino de la verdad».

Jesús explicaba a la gente la forma en que Dios quería que vivieran.

«Había una vez un rico agricultor cuya tierra produjo una cosecha excelente —dijo Jesús—. Tuvo que construir más graneros para poder almacenar todo lo que tenía. Comía y bebía todo lo que quería, seguro de que eso le haría feliz. Pero Dios le dijo: "Esta es la última noche que te queda en la tierra. Has almacenado muchas cosas, pero ahora vas a morir y dejarás todo ahí". La riqueza de este hombre rico ahora no le servía para nada. Así que vivan para los demás, pensando en sus necesidades antes que en las propias. Dios cuidará de ustedes, y tendrán tesoros en el cielo, donde las polillas no se los comen ni los ladrones los roban».

MARÍA, MARTA Y LÁZARO

Jesús le dijo: —Yo soy la resurrección y la vida. El que cree en mí vivirá aun
después de haber muerto.

JUAN 11:25

Jesús tenía amigos en la aldea de Betania, a las afueras de Jerusalén. Lázaro y sus hermanas, María y Marta, siempre acogían a Jesús cuando pasaba por allí.

En una de sus visitas, Marta estaba muy ocupada preparando comida y asegurándose de que todo estuviera a punto para sus visitantes. Pero cuando vio que su hermana, María, se sentó a escuchar a Jesús mientras ella trabajaba, Marta se disgustó.

—Señor —le dijo a Jesús—, dile a María que venga a ayudarme. ¿Acaso es justo que ella no haga nada mientras yo hago todo el trabajo?

—Siempre habrá trabajo que hacer, Marta —le respondió Jesús—. A veces también es bueno pasar tiempo con la gente.

Al poco tiempo, Jesús oyó que su hermano, Lázaro, estaba muy enfermo. Marta y María le enviaron un mensaje a Jesús, pidiéndole que acudiera a ayudarles, pero Jesús no acudió de inmediato. Sabía que verían un milagro aún mayor si se demoraba un poco.

Marta salió a recibir a Jesús cuando llegó a Betania. Lázaro ya había muerto y hacía cuatro días que le habían enterrado. Había allí muchos amigos, llorando con las hermanas.

—Si hubieras estado aquí cuando mi hermano estaba enfermo, ¡sé que ahora no estaría muerto! —le dijo—. Pero aún no es demasiado tarde. Dios te dará lo que le pidas.

—Tienes razón, Marta. Lázaro resucitará —le dijo Jesús.

—Sé que al final de los tiempos resucitará —respondió ella.

—Yo soy la resurrección y la vida. Si crees en mí vivirás para siempre. ¿Crees esto, Marta? —le preguntó Jesús

—¡Sí, lo creo! —dijo Marta—. Creo que tú eres el escogido, ¡el Hijo de Dios! —y corrió a buscar a su hermana.

María acudió con todos los amigos de Lázaro, y juntos fueron a la tumba de su hermano. Entonces Jesús también lloró. Les pidió que abrieran la tumba.

—¡Pero Lázaro hace cuatro días que murió! —clamaba Marta.

—Confías en mí, ¿no es así Marta? —le dijo Jesús. Entonces Jesús llamó a Lázaro.

El hombre salió caminando de la tumba llevando aún sus ropas de difunto. Fue un milagro.

¡María y Marta se llenaron de gozo! Muchos de sus amigos, que habían visto lo sucedido, creyeron en Jesús.

VIDAS CAMBIADAS

Pues el Hijo del Hombre vino a buscar y a salvar a los que están perdidos.

LUCAS 19:10

La gente seguía a Jesús dondequiera que iba. Aunque Bartimeo era ciego, sabía que algo poco habitual estaba ocurriendo. ¡Lo podía oír!

—¿Quién es? —gritaba—. ¿Qué ocurre?

—Es Jesús —le respondió alguien—. El maestro de Nazaret está aquí en Jericó!

Bartimeo había oído todo lo que la gente había dicho de Jesús. No necesitaba ojos para saber que Jesús había sanado a un hombre paralítico haciéndole caminar y a un hombre sordo haciéndole oír.

—¡Ayúdame! —gritaba—. ¡Aquí, Jesús!

—¡Sshhh! ¡Jesús está ocupado! —le dijo alguien.

—¡Jesús! ¡Ayúdame! —gritaba Bartimeo cada vez más alto.

—Traigan a ese hombre —dijo Jesús.

Bartimeo consiguió ponerse en pie y comenzó a

caminar a través de la multitud hasta que estuvo delante de Jesús.

—¿Que quieres que haga por ti? —le preguntó Jesús.

—Quiero ver —respondió Bartimeo.

—Tu fe te ha sanado —le respondió Jesús.

Bartimeo abrió sus ojos, ¡y pudo ver! En seguida se unió a la gente que seguía a Jesús.

La multitud era aún mayor según avanzaban por el camino. Zaqueo, el recaudador de impuestos, no podía ver por encima de la multitud debido a su baja estatura; sin embargo, también quería ver a Jesús. Encontró un árbol de ramas bajas y trepó para ver mejor.

Pero cuando Jesús llegó a la altura del árbol, se detuvo y le miró.

—¡Zaqueo, baja! —dijo Jesús—. Hoy quiero ir a tu casa.

Zaqueo casi se cayó del árbol. ¡Jesús! ¡Conocía su nombre, quería ir a su casa! Pero las personas en la multitud murmuraban entre ellos. ¿Porque quería Jesús estar con un hombre que les engañaba y robaba; un hombre que trabajaba para los romanos?

Zaqueo vio sus rostros y escuchó lo que decían.

—¡Jesús! —dijo—. Quiero arreglar las cosas. Quiero dar la mitad de todo lo que tengo a los pobres, y devolveré cuatro veces la cantidad que debo si alguien cree que le he robado.

—Este hombre entiende por qué he venido —dijo Jesús—. Estoy aquí para encontrar a personas que han olvidado cómo seguir los caminos de Dios, ¡y salvarles!

LA ÚLTIMA SEMANA EN JERUSALÉN

Mira, tu Rey viene hacia ti. Es humilde y llega montado en un burro:
montado en la cría de una burra.

MATEO 21:5

Llegó el momento para Jesús y sus amigos de ir con muchos otros a Jerusalén para celebrar la fiesta de la Pascua.

Jesús pidió a dos de sus discípulos que se adelantaran y le trajeran una cría de burro para poder entrar en la ciudad. Todo había sido preparado. Los hombres encontraron al burro, y se lo llevaron a Jesús. Pusieron un manto sobre el burro, y Jesús se sentó en él y cabalgó hacia las puertas de la ciudad desde el Monte de los Olivos. Fue el cumplimiento de una profecía.

Había multitudes de personas entrando en la ciudad, pero en seguida fueron a recibir a Jesús. Algunos ponían sus mantos en el suelo para que el burro pasara sobre ellos. Otros cortaron enormes ramas de las palmeras y las esparcían en el camino que estaba lleno de gente saludando y animando.

«¡Hosana! —gritaban—. ¡Alabado sea el rey que viene a salvarnos!».

Algunas de las personas en Jerusalén se acercaron para ver quién sería esa persona tan importante.

«¡Es Jesús! —les decían—. Es un profeta de Nazaret».

Jesús y sus discípulos fueron hacia los atrios del templo, pero cuando entraron Jesús quedó impactado por lo que vio. Los cambistas y comerciantes no solo estaban vendiendo, sino también engañando a la gente que había llegado allí para adorar a Dios.

Jesús los echó de allí. Volcó las

mesas esparciendo el dinero por el suelo.

«Esta es la casa de Dios —dijo Jesús—, ¡pero ustedes han hecho de ella una cueva de ladrones!».

Los principales sacerdotes y los fariseos observaban a Jesús. Vieron lo que hizo a los cambistas. Escuchaban lo que Jesús enseñaba a la gente acerca de Dios cada día. Escucharon a los niños que se juntaban a su alrededor y cantaban alabanzas. Vieron cuando sanó a los ciegos y a la gente que no podía caminar. Los principales sacerdotes y los ancianos eran sus enemigos. Tramaron un plan para deshacerse de Jesús, pero como la gente le amaba, se dieron cuenta de que cualquier cosa que hicieran provocaría una revuelta.

Un día, Jesús vio a unos hombres ricos poniendo dinero en la caja de las ofrendas del templo. Después, una viuda pobre también depositó dos pequeñas monedas en la caja.

«Esa mujer ha dado mucho más que los otros —dijo Jesús—. A las personas que dieron mucho, aún les queda mucho, apenas notan lo que han dado. Pero esa mujer dio todo lo que tenía a Dios».

El complot para matar a Jesús

Entonces Judas Iscariote, uno de los doce discípulos, fue a ver a los principales sacerdotes y preguntó: ¿Cuánto me pagarán por traicionar a Jesús?

MATEO 26:14-15

Jesús cenó con su amigo Lázaro unos días antes de la Pascua. Se sentó con sus discípulos alrededor de la mesa mientras Marta les servía la comida.

Entonces María sorprendió a todos los asistentes. Se preparó para lavar los pies de Jesús; pero en lugar de usar agua, derramó un perfume muy caro, por lo que toda la habitación se llenó de un exquisito aroma. Después María secó los pies de Jesús no con una toalla, sino con su largo cabello negro.

La gente sacudía su cabeza en desaprobación.

—¡Qué manera de desperdiciar este perfume tan caro! —dijo Judas Iscariote—. ¡Podíamos haberlo vendido y repartido el dinero a los pobres!

Judas administraba el dinero que la gente daba para ayudar a Jesús con su obra, pero Jesús sabía que Judas a veces tomaba dinero para gastarlo en él mismo.

—Deja a María tranquila —respondió Jesús—. Ella me ha mostrado su amor haciendo esto y me ha preparado para mi entierro. Los pobres siempre necesitarán su ayuda, pero yo no estaré aquí mucho más tiempo.

En su interior, Judas estaba muy enojado. Sabía que no podía seguir con Jesús, y comenzó a pensar en formas de traicionarle ante sus enemigos.

Los principales sacerdotes también buscaban en secreto la manera de deshacerse de él.

—No podemos dejar que Jesús siga enseñando a la gente mucho más tiempo —decían—. Tenemos que encontrar la manera de deshacernos de él.

—Pero la gente le ama —dijo uno—. Jerusalén está demasiado llena de gente que ha venido para la Pascua. Se producirá una revuelta si hacemos que arresten a Jesús con tantos de sus seguidores aquí.

Entonces se produjo una oportunidad. Llegó Judas Iscariote buscándoles.

—¿Que me darían si les entregó a Jesús? —preguntó.

—Treinta monedas de plata —fue la respuesta.

Contaron las monedas y las pusieron sobre una mesa delante de él. Judas miró el dinero; después lo guardó rápidamente y se fue. Ahora lo único que Judas tenía que hacer era esperar el momento oportuno en el que Jesús estuviera solo.

Los principales sacerdotes sonrieron entre sí. Uno de los doce, uno de los mejores amigos y discípulos de Jesús, ahora estaba de su lado. Judas traicionaría a Jesús cuando no estuviera rodeado de muchas personas. Quizá los problemas de ellos se acabarían pronto.

EL REY SIERVO

Así que ahora les doy un nuevo mandamiento: ámense unos a otros. Tal como yo los he amado, ustedes deben amarse unos a otros.

JUAN 13:34

Era casi el momento de la fiesta de la Pascua.

Jesús envió a Pedro y a Juan a hacer los preparativos para celebrarla en un aposento alto en Jerusalén. Se reunieron la noche antes para cenar juntos.

Jesús tomó una toalla, llenó un recipiente de agua y lavó los pies de todos sus discípulos. Pedro se opuso.

¿Por qué estaba haciendo Jesús el trabajo de un siervo?

«He hecho esto para mostrarles cómo deben tratarse entre ustedes —dijo Jesús—. Sigan mi ejemplo. Ocúpense unos de otros y la gente sabrá que son mis discípulos».

Cuando se sentaron a comer, Jesús les dijo que uno de ellos le iba a traicionar y, durante la comida, Judas salió de la sala para ir con los principales sacerdotes.

Jesús tomó el pan sin levadura y le dio gracias a Dios por él. Lo partió en pedazos y lo compartió con sus amigos en la mesa.

«Tomen esto y cómanlo. Esto es mi cuerpo, que será entregado por ustedes —les

dijo—. Acuérdense de mí siempre que coman el pan juntos». Después Jesús tomó una copa de vino: «Tomen y beban. Este vino es mi sangre, derramada por ustedes para perdón de sus pecados».

Los amigos de Jesús se miraron unos a otros. No entendían lo que Jesús les estaba diciendo. Aún no entendían que pronto moriría y que después Dios le resucitaría.

—A donde yo voy, no me pueden seguir —dijo Jesús.

—Yo nunca te dejaré —dijo Pedro—, ¡incluso aunque otros lo hagan!

—Pedro —le respondió Jesús con tristeza—, antes de que el gallo cante mañana en la mañana, habrás negado tres veces que me conoces.

—No teman —dijo Jesús—. Confíen en Dios. Voy a preparar un lugar para ustedes, y hay sitio suficiente para todos.

—¿Cómo podemos seguirte si no conocemos el camino? —preguntó Tomás.

—Yo soy el camino —respondió Jesús—. Yo soy la verdad y la vida. Acudan a Dios a través de mí. Si me conocen, entonces también conocen a Dios, y después les daré el Espíritu Santo, quien les recordará todo lo que yo les he enseñado, y les ayudará a obedecerme y a vivir como Dios quiere que lo hagan.

JESÚS ORA EN EL HUERTO

Padre, si quieres, te pido que quites esta copa de sufrimiento de mí. Sin embargo,
quiero que se haga tu voluntad, no la mía.

LUCAS 22:42

Había un olivar a las afueras de Jerusalén llamado el huerto de Getsemaní. Jesús fue a orar allí después de la cena, y les pidió a Pedro, Santiago y Juan que se adentraran un poco más con él.

«Esperen conmigo; oren por mí» —les pidió Jesús a sus amigos. Después, cuando estaba solo, pidió la ayuda de Dios: «Padre —dijo Jesús—, ¡me espera mucho dolor y sufrimiento! ¿Debo pasar por esto? Sin embargo, quiero hacer lo que tienes planeado para mí, aunque me cueste».

Jesús se levantó y regresó con sus amigos, pero todos estaban dormidos.

«¿No han podido estar despiertos ni una hora? —dijo—. ¿Tan poca fuerza tienen?».

Después Jesús se retiró de nuevo para orar.

«Padre, si esto es lo que tú quieres, estoy listo para obedecerte».

De nuevo regresó con sus discípulos. No eran capaces de mantener sus ojos abiertos.

Pero esta vez era demasiado tarde. Un grupo de gente se acercaba entre los árboles, un grupo ruidoso, algunos con palos o espadas en su mano. El hombre que iba al frente de todos era Judas Iscariote.

Judas se acercó a Jesús, y le saludó con un beso. Era una señal de amistad, pero con ella Judas traicionó a su amigo.

Los discípulos vieron, aterrados, cómo los hombres comenzaron a llevarse a Jesús como si fuera un criminal. Sus amigos huyeron, muertos de miedo al pensar que sus vidas también corrían peligro.

Pedro le seguía a cierta distancia en la oscuridad, temeroso de ser visto, pero desesperado por ver lo que le ocurriría a Jesús. Vio cómo le llevaban a casa de Caifás, el sumo sacerdote, y se unió a un grupo de gente junto a una hoguera en el patio. De repente, una criada joven señaló a Pedro.

—¿No eres tú uno de los amigos de Jesús? —preguntó la joven.

—No —dijo Pedro, poniéndose en pie—. ¡No conozco a ese hombre!

Poco después, otra sirvienta le identificó.

—¡Tú estabas con Jesús! —dijo ella.

—¡No era yo! —dijo Pedro enojado—. Yo no soy amigo suyo.

Estaba casi amaneciendo cuando alguien más acusó a Pedro.

—¡Tú debes conocer a Jesús! ¡Tienes acento galileo!

—¡No sé de qué estás hablando! —respondió Pedro.

En ese instante, Jesús miró a Pedro y un gallo cantó. Estaba amaneciendo, y Pedro se acordó de lo que Jesús dijo que ocurriría. Había negado a su amigo tres veces antes del amanecer.

UNA CORONA DE ESPINAS

Entonces, ¿qué hago con Jesús, llamado el Mesías? preguntó Pilato.

¡Crucifícalo! le contestaron a gritos.

MATEO 27:22

Poncio Pilato era el gobernador romano. No quería problemas, no quería enojar a los sacerdotes judíos; pero había interrogado a ese hombre, Jesús de Nazaret, y no pudo encontrar nada bajo la ley romana que justificara la pena de muerte.

Pilato decidió hacerle una pregunta a la multitud reunida fuera esperando el veredicto sobre el hombre que tenía delante.

«Es costumbre que en la Pascua se libere a un prisionero —dijo—. ¿Suelto a Barrabás, el asesino, o a Jesús, al que algunos dicen que es su Mesías y Rey?».

Había personas en la multitud que eran amigos de Jesús, algunos a quienes Él había sanado; pero también había extranjeros y personas que habían puesto allí los principales sacerdotes y los ancianos para asegurarse de que no dejasen en libertad a Jesús.

—¡Queremos a Barrabás! —gritaban—. ¡Suelta a Barrabás!

—Entonces, ¿qué hacemos con Jesús? —preguntó Pilato.

—¡Crucifícale! —fue la respuesta de la multitud—. ¡Crucifícale!

Pilato miró a los rostros airados que tenía frente a él y sacudió su cabeza. Pidió agua para lavarse las manos.

«Yo no soy culpable de la muerte de este hombre» —dijo.

Pilato liberó a Barrabás, pero a Jesús se lo llevaron los soldados.

Se llevaron la ropa de Jesús y le pusieron la capa de un soldado romano. Pusieron un palo en su mano derecha y le hicieron una corona de afiladas espinas. Cuando se la pusieron firmemente en su cabeza, la sangre comenzó a correr por su rostro. Después, los soldados se burlaban de Él, diciéndole «Rey de los judíos», y escupiéndole en la cara. Finalmente, le golpearon repetidamente.

Jesús estaba agotado. Con cortes y magulladuras por la paliza, los soldados le obligaron a cargar el peso de la viga de madera y llevarla por las calles hasta el lugar donde sería crucificado. Jesús tropezaba y caía.

Las calles estaban abarrotadas de gente, algunos llorando, otros abucheando.

«¡Oye! ¡Tú! —le dijo un soldado a un hombre entre la multitud—. ¡Lleva esto!».

Jesús caminaba delante, mientras ese hombre, Simón de Cirene, llevaba la gran viga de madera sobre sus hombros hasta que llegaron al lugar de la crucifixión a las afueras de las puertas de la ciudad.

JESÚS MUERE EN LA CRUZ

Jesús dijo: Padre, perdónalos, porque no saben lo que hacen.

LUCAS 23:34

Los soldados guiaron a Jesús hasta el Gólgota, el lugar de la Calavera.

Otros dos hombres fueron guiados también para ser crucificados ese mismo día, ambos ladrones. Jesús fue clavado en la cruz y situado entre los dos ladrones.

«¡Perdónalos Padre! —dijo Jesús—. ¡No saben lo que hacen!».

Las multitudes miraban y esperaban mientras los soldados se burlaban.

«Salvaste a otros, ¡pero a ti mismo no puedes salvarte!» —decían.

Uno de los ladrones colgado junto a Jesús le gritaba.

—Si realmente eres el Hijo de Dios, ¡sálvanos a todos!

—¡Calla! —le dijo el otro ladrón—. Nosotros merecemos este castigo, pero este hombre no ha hecho nada malo.

Después se dirigió a Jesús y le dijo: «Acuérdate de mí».

«Hoy estarás conmigo en el paraíso» —respondió Jesús.

Juan, uno de los discípulos de Jesús, estaba de pie junto a la cruz. Un grupo de mujeres, incluyendo a la propia madre de Jesús, también estaban allí.

«Trata a este hombre como a tu hijo» —le dijo Jesús a su madre. Después le dijo a su amigo: «Trata a esta mujer como si fuera tu propia madre».

Al mediodía, el cielo se oscureció. Alrededor de las tres de la tarde, Jesús exclamó en voz alta: «¡Consumado es!», y dio su último suspiro.

José de Arimatea era miembro del concilio judío: el sanedrín. Él y Nicodemo eran seguidores secretos de Jesús, y ninguno de los dos había estado entre quienes planearon matarle. Como ya casi llegaba el día de reposo, José fue a Poncio Pilato y le pidió si podía descolgar el cuerpo de Jesús de la cruz para enterrarlo. Entonces, con el permiso de Pilato, José fue con Nicodemo y bajaron de la cruz el cuerpo de Jesús. Tenía heridas en sus manos y en sus pies, y en su costado, donde un soldado romano le había clavado una lanza para asegurarse de que estaba muerto.

Los dos hombres envolvieron a Jesús en tiras de lino con mirra y aloes, y pusieron su cuerpo en

la tumba nueva que José había preparado para su propio entierro. Después hicieron rodar una gran piedra en la entrada para sellar la tumba.

María Magdalena y su amiga observaron dónde pusieron su cuerpo.

¡JESÚS ESTÁ VIVO!

Tóquenme y asegúrense de que no soy un fantasma, pues los fantasmas no tienen cuerpo,

como ven que yo tengo.

LUCAS 24:39

El domingo por la mañana, muy
temprano, María Magdalena fue a
ungir el cuerpo de Jesús con especias.
Se sorprendió al ver que la piedra
había sido retirada y que la tumba
estaba vacía. Entonces María vio a
un hombre en el jardín. En cuanto
oyó cómo pronunciaba su
nombre ¡supo que era Jesús!

134

«Ve y diles a los demás lo que has visto» —le dijo Jesús gentilmente.

Más adelante, dos de los seguidores de Jesús caminaban por el camino de Emaús con un extraño. Cuando comieron con él, se dieron cuenta de que era Jesús, ¡resucitado de la muerte! Cuando regresaron a contárselo a los demás, vieron que Pedro también había visto a Jesús vivo. Los discípulos estaban encerrados en una habitación, pero de repente Jesús estaba allí con ellos.

«La paz sea con ustedes» —dijo Jesús.

¡Al principio temían que fuera un fantasma! ¿Cómo podía un hombre haber entrado en una habitación cerrada? Pero cuando Jesús les mostró las heridas que le habían causado los clavos, creyeron que Él era el hombre que habían visto crucificado, ¡y que ahora estaba vivo!

Jesús les dijo a sus discípulos que debían contarles a otros, primero en Jerusalén y luego por todo el mundo, que Él había muerto y resucitado.

Tomás no estaba con los demás discípulos. No creía que Jesús estuviera vivo porque no le había visto personalmente. Pero Jesús volvió a aparecer como de la nada y estuvo de pie entre ellos.

—Mira mis manos, Tomás. Toca la herida que me hizo la lanza en mi costado. No dudes, ¡sino cree!

Tomás no necesitó tocar a Jesús. Sabía que Jesús era real y que estaba vivo. Cayó de rodillas y le adoró.

—Señor mío y Dios mío —dijo.

PEDRO ES PERDONADO

Señor, tú sabes todo. Tú sabes que yo te quiero.

JUAN 21:17

Una noche, Pedro les dijo a sus amigos que iba a pescar al mar de Galilea. Algunos de ellos decidieron ir con él: Tomás, Natanael, Santiago, Juan y otros dos.

Los hombres estuvieron pescando toda la noche, pero ya estaba amaneciendo y no habían pescado nada.

Había un hombre de pie en la playa observando la barca que se acercaba a la orilla, y les gritó.

—¿Han pescado algo?

—¡Nada! —respondieron.

—Echen la red al lado derecho de la barca —les volvió a gritar el hombre—. Ahí encontrarán algo.

Los pescadores no tenían nada que perder. Arrojaron su red al otro lado de la barca y de inmediato se llenó totalmente de peces. Pesaba tanto, que no podían subirla a la barca debido a su peso.

Entonces Juan se dio cuenta de que el hombre de la playa era Jesús, y se lo dijo a Pedro. Pedro se puso su capa y saltó al agua para poder llegar a la orilla antes que los demás, ya que deseaba mucho estar con Jesús. Los otros hombres remaron hasta

la orilla, llevando la red llena de pescados con ellos.

Jesús había preparado un pequeño fuego y estaba calentando algo de pan.

«Traigan algunos pescados y vengan a comer conmigo» —dijo Jesús.

Pedro ayudó a llevar la pesca. Había 153 pescados grandes.

Jesús compartió los panes y los pescados con los hombres, y juntos se comieron su almuerzo a la luz de la mañana.

Después, Jesús habló tranquilamente con Pedro.

—Pedro —dijo—, ¿verdaderamente me amas?

—Señor, tú sabes que te quiero —dijo Pedro.

—Quiero que cuides de mis ovejas —le respondió Jesús.

Pero momentos después, Jesús le volvió a hacer la misma pregunta.

—¡Sí! —dijo Pedro—. ¡Tú sabes que te quiero!

—Entonces cuida de mis ovejas —dijo Jesús.

Pero cuando Jesús le volvió a preguntar por tercera vez, Pedro se intranquilizó. Había negado conocer a Jesús tres veces. Ahora Jesús le estaba preguntando si realmente le amaba, ¡y así era!

—Señor, tú lo sabes todo —respondió Pedro—. Tú sabes que te quiero.

—Entonces, Pedro, quiero que alimentes a mis ovejas —dijo Jesús—. Cuida de mis seguidores cuando me haya ido; enséñales, guíales y sígueme siempre.

EL PODER DEL ESPÍRITU SANTO

Por lo tanto, vayan y hagan discípulos de todas las naciones, bautizándolos en el nombre del Padre y del Hijo y del Espíritu Santo.

MATEO 28:19

Jesús se reunió con sus discípulos muchas veces después de su resurrección de los muertos. En una ocasión se reunió y habló con una multitud de más de quinientas personas.

«Permanezcan en Jerusalén —les dijo—. Yo les enviaré el Espíritu Santo allí, para que tengan poder para ir por todo el mundo y hablar a las personas de mí. Enséñenles todo lo que yo les he enseñado. Yo siempre estaré a su lado para ayudarles».

Jesús dejó a sus discípulos unas seis semanas después de resucitar. Estuvieron con Él en el Monte de los Olivos, donde aparentemente le cubrió una nube. Ángeles aparecieron y les dijeron que Jesús se iba ahora para estar con Dios, pero que un día regresaría.

Los once hombres fueron a Jerusalén y se reunieron con otros creyentes. En total eran como unas 120 personas.

«Tenemos que reemplazar a Judas —dijo Pedro—, alguien que haya sido testigo de todo lo que Jesús hizo y alguien que haya visto a Jesús después de su resurrección».

Escogieron a Matías, y pronto todos juntos fueron a celebrar la fiesta de Pentecostés. De repente, un sonido como de un viento fuerte que soplaba atravesó la casa, y llamas de fuego en el aire tocaban a cada una de las personas que había en la habitación. El Espíritu Santo hizo posible que todos hablaran en otras lenguas.

Jerusalén estaba llena de gente de todo el mundo.

«¿Qué está sucediendo aquí?» —se preguntaba la gente que estaba congregada fuera.

«¡Estas personas están hablando de Dios en mi propia lengua! ¿Pero cómo es posible?» —dijo otro.

Entonces Pedro salió de la casa y se dirigió a la multitud.

«Lo que ha ocurrido aquí hoy es el cumplimiento de una profecía, que Dios bendeciría a su pueblo con el Espíritu Santo —dijo Pedro—. Escúchenme. Saben que Jesús de Nazaret estuvo aquí no hace mucho tiempo, sanando a los enfermos, dando la vista a los ciegos. A pesar de ello, ustedes pidieron crucificarle. Bien, estoy aquí para decirles que Dios había planeado esto desde siempre. Jesús murió para demostrar que Dios tiene poder sobre la muerte».

La gente quería saber qué debían hacer para ser salvos.

«Arrepiéntanse, y bautícense —respondió Pedro—. Dios les perdonará y recibirán también al Espíritu Santo».

Unas tres mil personas se hicieron cristianos ese día. Veían más milagros y compartían todo lo que tenían entre ellos. Era el nacimiento de la Iglesia cristiana.

LAS HISTORIAS BÍBLICAS SE PUEDEN ENCONTRAR COMO SIGUEN:

Directora editorial: Annette Reynolds
Editora: Nicola Bull
Director artístico: Gerald Rogers
Gerente de pre-producción: Krystyna Kowalska Hewitt
Gerente de producción: John Laister

Edición en castellano © 2012 por Editorial Portavoz, filial de Kregel Publications,
Grand Rapids, Michigan, 49501.

Traducción: Belmonte Traductores, www.belmontetraductores.com

EDITORIAL PORTAVOZ
P.O. Box 2607
Grand Rapids, Michigan 49501 USA
Visítenos en: www.portavoz.com

ISBN 978-0-8254-1843-3

1 2 3 4 5 / 16 15 14 13 12

Impreso y encuadernado en Singapur
Printed and bound in Singapore